El libro de los CINCO ANILLOS

El clásico sobre el dominio del arte de la espada, liderazgo y conflicto. Nueva traducción.

El libro de los CINCO ANILLOS

El clásico sobre el dominio del arte de la espada, liderazgo y conflicto. Nueva traducción.

Miyamoto Musashi

OBERON

Título de la obra original: *Five Rings Illustrated*

Traductora: María Barbado Mujica

Realización de cubierta: Celia Antón Santos

Responsable editorial: Víctor Manuel Ruiz Calderón

Traducción al inglés: Maisy Hatchard

Edición española:
© EDICIONES OBERON (G. A.), 2025
Valentín Beato, 21. 28037 Madrid
Depósito legal: M. 20 063-2024
ISBN: 978-84-415-5114-5
Impreso en España

PAPEL DE FIBRA
CERTIFICADA

«Nunca te apartes de la Vía».

– Miyamoto Musashi

Contenidos

Introducción

El presente libro es el resultado de toda una vida de preparación: las enseñanzas de un prodigioso samurái sobre la importancia de la práctica y la perspectiva en cualquier camino de la vida a recorrer, no solo en cuanto a combate físico sino también en nuestro día a día y en cualquier actividad que emprendamos. *El libro de los cinco anillos* de Miyamoto Musashi se distingue de otras obras y doctrinas de su tiempo en muchos aspectos. De forma deliberada, el autor desprovee sus textos de cualquier tinte religioso, incluye y da su debida importancia a otros oficios y se preocupa de asegurar que sus pupilos, independientemente de los medios de que dispusieran, pudieran practicar sus enseñanzas.

Esta nueva traducción persigue ese mismo deseo de accesibilidad y, en consecuencia, se ha realizado teniendo presentes el contexto y la claridad. Bien hayas adquirido este libro por tu interés en la historia, la cultura samurái, los aspectos más fascinantes de Japón o porque te ha gustado la portada, deseo que te sirva de recorrido por la filosofía de Musashi. Se ha traducido con fidelidad al original, pero también incorpora explicaciones cuando son necesarias para facilitar la comprensión de algunos conceptos sin perder de vista el rigor. Espero que te resulte un agradable equilibrio entre una obra histórica y una lectura profunda a la par que satisfactoria.

Musashi se ha convertido en una figura legendaria con el paso del tiempo. Nació en 1582 en la actual prefectura de Hyōgo, al suroeste de Japón, y vivió un momento crucial para el mundo samurái. El periodo Edo (1603–1868) tiende idealizarse, lo vemos como una época dorada y pacífica de samuráis errantes, creación artística y crecimiento económico. Sin embargo, Musashi también fue testigo del decaimiento paulatino de la clase samurái, llegando a señalar, incluso, en su libro, que los que empuñaban el sable probablemente ni sabían usarlo.

Los cinco anillos, es decir, los elementos en que divide su obra (tierra, agua, fuego, viento y expansión), no son un simple compendio de las enseñanzas de su escuela de artes marciales, sino un instrumento cuyos objetivos son dotar de una nueva perspectiva a las personas que se encuentran perdidas en su proceso de formación, orientar en la aplicación de una estrategia a lo largo y ancho del mundo profesional y mantener viva la filosofía samurái que, a sus ojos, estaba agonizando. Desde su muerte en 1645, el legado de Musashi no ha hecho sino cumplir dichos propósitos. Además de las escuelas de artes marciales que siguen existiendo a día de hoy gracias a él, su figura ha inspirado un sinfín de obras en el mundo del cine, la literatura y los videojuegos.

La influencia de su obra sigue vigente tras más de 375 años debido a su gran utilidad. Cualquiera puede aprender de sus enseñanzas. Las ideas y estrategias para triunfar que presenta no solo sirven al público al que se dirigían en su momento —discípulos de escuelas de artes marciales y cargos militares—, sino también a personas del mundo de la empresa, el deporte o a cualquier lector en particular. Musashi lo abarca todo: desde los pormenores del manejo del sable hasta la adopción de una mentalidad apta para cualquier proyecto que acometamos.

De modo que, sea cual sea el motivo que te ha traído hasta este libro, estimo que te gustará descubrir lo que significa ser un auténtico samurái según Musashi y que te va a resultar útil, si no por las técnicas de manejo del sable en sí, por los principios de la estrategia que desgrana de principio a fin.

Laicheu
Tauxem
Corea Indigenis Caoli Iaponensibus Corals dicitur, quæ an sit insula an pars continentis nondum constat Indigenæ candidi sunt proceræq; staturæ, In bello sunt strenui sed crudeles & barbari
XAN TON
Luicheu
NANQVIN
Corij
Punta dos ladronas
Ilhas dos ladrones
Coixuma
Firando
P. Bom
Duco
Ogoto
Xiqui
Meaxuma
S. Clara
Suichin
Mochoza
Sucuan
Chan
Ancheo
Olepeyo
Nimpo Liampo
Varella
Tiuncheu
Chaposi
Cumbor
Timbacam
Hiancheu
Lequeo grande
Isla do Fogo
Ciambo
Hivami
Nagato
FON
Figen
Checugen
Bungo
Chicugo
Finga
Osumi
O C E A

IAPONIA
Bacasa
Sando
Sisime
Tango
Tagima
Canga
Hiechi gen
Novi
Villoxu
Deva
Vacasa
Mimasaca
P O: NI: A.
Tamba
Meaco
Hietchu
Vlluomy
Hicchigo
Vigo
Hitchu
Finda
Rinano
Ximoccuqe
Fituchi
Fcunocuny
Farima
Hinga
Musaxi
Nasima
Cay
Sintotusa
Itoqulchima
Sacay
Cavachi
Hixe
Mino
Segenty
Toy
Vlloari
Hizu
Cansusa
Surunga
Ava
Ilba dos ladrones
Samuqui
Tonsa
Ava
Iorromi
Iasima
Gisima
TONSA
C. dos Cestos
Mitsuquimi
Ensuima
CHINENSIS
Navigij genus ex Insula Japonia velis ex arundine contextis ligrlisq. anchoris
US
5 10 15 20 25 Leucae Hispanicae
5 10 15 20 Milliaria Germanica

地の巻

CAPÍTULO 1

Manuscrito de la tierra

Ha llegado el momento de sentarme a escribir por primera vez mis enseñanzas sobre la Vía de la Estrategia del guerrero, o *Niten-Ichiryū*, como la he llamado. Estamos a primeros de octubre del vigésimo año de la era Kan'ei (1643). He subido al monte Iwate en la prefectura de Kyushu, he rezado al cielo, alabado a Kannon y aquí me hallo, ahora, ante Buda. Soy un guerrero nacido en Harima, mi nombre es Shinmen Musashi-no-Kami Fujiwara-no-Genshin y cuento con sesenta años de edad.

Sostuve mi primer duelo a la edad de trece años y desde entonces me he consagrado a la Vía del guerrero. Mi rival era un seguidor de la escuela Shintō-Ryū llamado Arima Kihei. A los dieciséis vencí al poderoso samurái Akiyama, de la provincia de Tajima. A los veintiuno marché a Kioto y allí me enfrenté a muchos de los mejores guerreros de entonces, sin dejar ni una sola vez de alzarme con la victoria. Seguí viajando por diferentes lugares y me batí con samuráis de muchas escuelas. De mis más de sesenta combates siempre he salido invicto. Así transcurrieron mis años de juventud, entre los trece y los veintiocho o veintinueve años.

Pasados los treinta, me detuve a reflexionar sobre mis luchas anteriores y me di cuenta de que no había logrado tantas victorias por el solo hecho de dominar las artes marciales. Las victorias se debían, más bien, a una intuición innata que me impedía alejarme del camino de la virtud o a alguna falla de mis rivales de las otras escuelas. Entonces me empeñé, día y noche, sin descanso, en la labor de conocer verdades más profundas.

No fue hasta cumplidos los cincuenta que por fin entendí de verdad la Vía del guerrero. Una vez alcanzado el conocimiento absoluto, ya no era necesario seguir practicándola. En su lugar, puedo aplicar todas las verdades aprendidas en la Vía del guerrero a otras Vías, para las que no tengo maestro alguno.

Y bien, para redactar este libro no recurriré a los dogmas ancestrales del budismo ni del confucianismo, tampoco haré del texto una crónica de acontecimientos bélicos o estrategias militares. Me limitaré a revelar el verdadero espíritu de la escuela *Niten-Ichiryū*. Dicho lo cual, pincel en mano, al amanecer del décimo día del décimo mes, con Kannon y el cielo por testigos, comienzo mi relato.

La Vía de la Estrategia

La Vía de la Estrategia del guerrero es, en esencia, el estatuto del samurái. Es de suma importancia que los generales lo acaten y que los soldados lo conozcan. Y, sin embargo, no hay en la actualidad ni un solo samurái en el mundo que comprenda bien la Vía.

En el mundo hay muchos caminos o vías, todas y cada una de ellas se ejercen a gusto de cada persona. La primera y más importante es la vía budista hacia la salvación y, después, la vía de las palabras, que presenta el confucianismo; existe la vía de la medicina y sus métodos para curar todo tipo de enfermedades, o la de la poesía que nos ilustra con sus formas de *waka* (poemas);

también está la de los practicantes de la ceremonia del té, la de los arqueros y toda una gama de disciplinas artísticas: todas las vías se cultivan porque alguien así lo desea.

Sin embargo, son pocos los que desean seguir la Vía del guerrero. La verdadera Vía del guerrero implica una dedicación absoluta tanto a las artes marciales como a las letras, unión que se conoce como *Bunbu-Ryōdō*. Incluso los samuráis menos aptos tienen el deber de esforzarse al máximo para profesar este camino, dentro de los límites de su posición social.

En términos generales, sin embargo, deduzco que las generaciones actuales de samuráis conciben su camino como una aceptación simple y llana de la muerte. Pero asumir la muerte no es algo exclusivo de los guerreros. Los sacerdotes, las mujeres, los campesinos e incluso las clases más humildes de la sociedad conocen sus deberes y temen el deshonor. Su entereza ante la muerte hace que no sean tan distintos de los guerreros.

El principio más fundamental para los samuráis que practican la Vía del guerrero consiste en superar a los demás en todo lo que hagan. Tanto si se trata de combatir con un solo oponente como de ganar una batalla contra muchos, el prestigio se gana superando a los demás, y así es como nos labramos un nombre para nosotros mismos y para nuestros señores. Todo esto hace parte de la excelencia de la Vía del guerrero.

Seguramente haya quienes no vean útil estudiar la Vía del guerrero de cara a una batalla real. A ellos les digo, y subrayo, que la verdadera Vía del guerrero incide precisamente en la necesidad de perfeccionar nuestras destrezas para poder emplearlas en cualquier momento y en cualquier circunstancia.

十能七芸

1. ¿Qué implica la «Vía de la Estrategia» del guerrero?

Tanto en China como en Japón, aquellos que entienden y siguen el camino del guerrero son considerados maestros de la estrategia. Para un samurái, es un deber estudiar este camino.

Sin embargo, los denominados «maestros de la estrategia» que han ido ganando terreno en los últimos tiempos, en realidad no dominan otra cosa que la espada. No hace mucho, algunos monjes de los santuarios de Katori y Kashima, en la provincia de Hitachi, fundaron unas escuelas cuyas enseñanzas decían proceder de los dioses y propagaron su disciplina por todos lados.

Por el contrario, la Vía de la Estrategia, un arte práctico y beneficioso que forma parte de las *diez destrezas* y *siete artes* ancestrales, no se limita al manejo de la espada, y reducirla a ello anula toda su utilidad práctica. Ser diestro con el sable no basta para alcanzar el verdadero conocimiento de la estrategia marcial ni tampoco, evidentemente, para saber actuar conforme a los principios de la guerra.

Por lo general, las personas convierten sus habilidades en mercancías, incluso ellas mismas y sus herramientas se convierten en productos a comercializar. Por analogía, partiendo de dos elementos: la flor y el fruto, diremos que el mundo está más lleno de flores que de frutos, condición que se cumple especialmente en la Vía de las artes marciales. La gente siente obsesión por exhibirse y presume de habilidades como si con ellas fueran capaces de hacer florecer la primavera. Promocionan *dojos* (escuelas) sin tener ninguna experiencia en combate, enseñan y aprenden estilos de lucha con el único objetivo de cosechar los laureles de la victoria. Todas estas tendencias corroboran el viejo dicho: «Una estrategia superficial no produce más que daño».

A grandes rasgos, existen cuatro vías para subsistir en el mundo: la del agricultor, la del comerciante, la del samurái y la del artesano.

En la primera vía, la de la agricultura, los agricultores preparan sus aperos para pasar el año trabajando según la estación. Observan bien los cambios de la primavera, el verano, el otoño y el invierno. Esa es la vía del agricultor.

La segunda es la del comercio. Los fabricantes de sake viven de elaborar y vender el sake; los beneficios irán en función de la buena o la mala calidad de su producto. La vía del comercio consiste exclusivamente en obtener beneficios para ganarse la vida. Así funciona la vía del comerciante.

La tercera es la del guerrero. Se denomina así porque un samurái no solo fabrica sus propias armas, sino que también conoce la utilidad de cada una. Los que no se preocupan por esta labor y, por tanto, no comprenden los méritos de su uso, carecen de la actitud adecuada del guerrero.

La cuarta vía es la del artesano. En ella están los carpinteros, que se ganan la vida fabricando muebles y estructuras de madera, empleando diversas herramientas con destreza según los planos y ciñéndose a unas reglas muy precisas. Estos artesanos perfeccionan constantemente sus habilidades.

Esas son las cuatro vías: samurái, agricultor, artesano y comerciante.

Estableceremos una analogía entre la carpintería y la Vía de la Estrategia o del guerrero. Es una comparación acertada, ya que ambas guardan relación con las «casas». Existen la Casa Imperial, las casas guerreras y las Cuatro Casas Nobles de gran linaje. Podemos documentar la decadencia o la perdurabilidad de las casas.

Las escuelas y tradiciones también se denominan casas. Dado que el término «casa» se utiliza tanto en la vía del carpintero como en la del samurái, me parece oportuna esta comparación.

La propia palabra «carpintero», en japonés, se escribe con los caracteres de «gran» y «oficio artesanal». «Vía de la Estrategia» se escribe de forma diferente, pero es un gran oficio artesanal en sí mismo. Por decirlo de otro modo, ambos requieren cuidado y planificación metódica, también por eso establezco la comparación con la vía del carpintero.

Si pretendes dominar la Vía de la Estrategia del guerrero, reflexiona sobre lo que está escrito en estos manuscritos. Practica con diligencia, y que el maestro guíe al alumno como la aguja guía al hilo.

2. La Vía de la Estrategia del guerrero comparada con la vía del carpintero

Un general discierne entre el bien y el mal, defiende las leyes del país y conoce a fondo los entresijos de la casa de su señor. Ese es el camino hacia la maestría. Del mismo modo, un maestro carpintero recuerda las dimensiones de los diferentes espacios de los templos, conoce los planos de los palacios y dirige a sus subordinados en la construcción de cada uno de ellos. De esta manera, la maestría en la carpintería y la maestría en el combate van de la mano.

Al construir una casa, el carpintero debe decidir qué madera utilizar y dónde. Empleará las vigas más hermosas, rectas y sin nudos para los pilares exteriores. La madera que, aun presentando algunos nudos, sea recta y resistente se utilizará para los pilares traseros. La más débil, pero sin nudos y con una veta bonita, se utilizará para las vigas decorativas o los travesaños y marcos de las puertas correderas, o para las propias puertas.

Incluso la madera muy nudosa y retorcida puede servir para construir una casa que dure mucho tiempo, siempre y cuando se evalúe cuidadosamente qué tipo de madera se necesita en cada parte de la casa. Hasta las maderas muy defectuosas pueden servir para otros fines como hacer andamios o leña.

Cuando el maestro contrata a otros carpinteros, debe conocer el nivel de competencia de cada uno y saber asignarles las tareas correspondientes. Una persona para las tablas del suelo, otra para las puertas y los marcos, otra para los umbrales de las puertas, otra para los dinteles, otra para el techo. Puede, incluso, encargar a los empleados menos cualificados a colocar los travesaños del entablado del suelo, mientras que los verdaderamente inexpertos se dedican a lijar. Si a cada uno se le asignan las tareas apropiadas, el trabajo irá sobre ruedas.

Un maestro carpintero debe tener siempre presentes ciertos principios como la agilidad en el movimiento para avanzar, actuar de forma enérgica contra la ociosidad, percibir las prioridades y motivaciones de su equipo, ser un catalizador de la energía en el trabajo y reconocer las limitaciones. Pues bien, los principios de la Vía de la Estrategia del guerrero son idénticos.

3. La Vía de la Estrategia del guerrero

Los soldados tienen mucho en común con los aprendices de carpintero. Estos últimos afilan sus utensilios, fabrican algunos de repuesto y los llevan consigo en sus cajas de herramientas. Acatan las instrucciones del maestro y labran la madera para hacer pilares y vigas, cepillan estanterías y tarimas, realizan elaborados tallados. Con gran diligencia procuran que todo, desde los detalles más sutiles hasta los corredores por donde transita la caballería, esté perfectamente acabado según lo previsto. El carpintero que logra asimilar las técnicas de su oficio y tiene sólidos conocimientos de construcción se convertirá, sin duda, en un maestro de obras.

師は針に、門弟は糸になって

Es importante mantener las herramientas en óptimas condiciones. Cualquier tiempo libre debe dedicarse principalmente al cuidado de las mismas, ya que se usan para hacer de todo, desde arcas hasta estanterías, escritorios, faroles, tablas de cortar e incluso tapas de recipientes, por lo que su mantenimiento es fundamental. Lo mismo debe hacer un soldado. Es algo que hay que tener muy en cuenta.

Un carpintero debe cuidar al máximo que la madera no se deforme, que las juntas estén correctamente alineadas y que todo esté lijado a la perfección para no tener que pulirlo después. Quienes deseen estudiar la Vía de la Estrategia deben ser igual de meticulosos. Graba todo esto en tu memoria, escudriñando el contenido palabra por palabra.

4. La composición de este libro de estrategia y sus cinco manuscritos

Este libro está dividido en cinco vías o caminos, cuyos fundamentos se presentan en los manuscritos de la tierra, el agua, el fuego, el aire y la expansión.

En el primero, hablo de los principios generales de la Vía de la Estrategia desde el punto de vista de mi escuela. Comprender plenamente la Vía no se limita a saber manejar el sable. También hay que percibir los pequeños detalles entre los grandes, y llegar a lo más profundo desde lo superficial. El primer manuscrito será el de la tierra, pues servirá para preparar el terreno sobre el que construir un camino recto y verdadero.

El segundo es el del agua. El corazón debe fluir como el agua. El agua adopta la forma del recipiente que la contiene; y es gota u océano, porque mengua y crece. Voy a explicar las enseñanzas del *Ichiryū* con la claridad del agua. Si dominas los secretos del arte de la espada y sabes imponerte a un adversario con holgura, serás capaz de vencer en cualquier circunstancia. La mentalidad de victoria es la misma tanto si tus rivales son mil como si son diez mil. Un general que aplica los preceptos de un duelo a una batalla a gran escala es como un escultor que realiza una estatua gigante de Buda a partir de una figurita.

No puedo detallar todos los pormenores, pero, en la Vía de la Estrategia, el principio rector de la victoria es este: el sinfín de situaciones que se presentan en una batalla pueden entenderse a partir de una sola. Esa es la esencia de las enseñanzas de mi escuela, y así queda registrado en el manuscrito del agua.

El tercero es el manuscrito del fuego. En él escribo sobre las formas de combatir. Todo fuego, grande o pequeño, arde con intensidad, por eso comparo la lucha con el fuego. Los principios de la guerra se aplican por igual a un duelo que a una batalla de diez mil combatientes en cada bando. Algunas situaciones hay que verlas a gran escala y otras son más precisas. Hay que determinar qué perspectiva es más conveniente.

El conjunto es fácil de ver, pero los detalles se pueden escapar. Por ponerlo de oro modo, un grupo numeroso no cambia de objetivo tan rápidamente, por lo que es más fácil percatarse de sus intenciones. Sin embargo, un individuo es capaz de cambiar su curso de acción al instante, con lo que sus acciones son más difíciles de predecir. Ten esto siempre presente.

Aunque el manuscrito del fuego presenta momentos puntuales de los combates, en la Vía del guerrero es fundamental mantener el ánimo inquebrantable día tras día. Por eso en este manuscrito hablo del desafío constante que supone la batalla.

El cuarto es el manuscrito del viento. En él no escribo sobre mi escuela, *Niten-Ichiryū*. Los «vientos del cambio» traen nuevas tendencias, se llevan lo antiguo y resuenan en las casas que guardan la tradición. Así, el manuscrito del viento es una reflexión sobre las diversas estrategias y prácticas de otras escuelas. Uno no puede conocerse bien sin conocer el mundo que lo rodea.

Al explorar otras vías y métodos, corremos el riesgo de desviarnos del camino y aunque creas que tu diligencia te mantendrá en la senda correcta, si tu mente se aparta, tú también lo harás. Para evaluar si avanzas en la dirección correcta, mira las cosas con perspectiva. En tu trayectoria, hasta el menor desvío puede hacerte perder el rumbo. En cualquier oficio, el exceso es tan malo como el defecto. Esta verdad bien merece ser reflexionada.

La suposición generalizada de que las otras escuelas se centran exclusivamente en el manejo del sable es del todo cierta. Los principios para triunfar en el combate y las técnicas practicadas en mi escuela, *Niten-Ichiryū*, son muy diferentes. Escribo el manuscrito del viento con el fin de poner en perspectiva los otros caminos y tendencias.

En quinto lugar está el manuscrito de la expansión. Escribo sobre la expansión, pero, ¿cómo determinar su origen o sus límites cuando la expansión denota ausencia? Conocer la verdadera Vía te libera. La Vía del guerrero es instinto y libertad, trae consigo un poder inconsciente y misterioso para comprender el ritmo de cada situación. Tus ataques surgirán por instinto, con total fluidez, y serán certeros. Esta es la esencia de la expansión, el último manuscrito, y en él explico cómo alcanzar la verdadera Vía.

5. Sobre el nombre *Nitō-Ryū* (dos sables que son uno) de mi escuela, *Niten-Ichiryū*

Decidí llamar a mi escuela *Nitō* pues es el deber de todo guerrero —generales y soldados rasos por igual— llevar dos sables en el cinturón. Antiguamente, el sable más largo se llamaba *tachi*, y el más corto, catana. Ahora se llaman catana y *wakizashi*, siendo este último el sable más corto. Todo samurái lleva ambos sables, aunque el motivo no está bien documentado. En nuestra nación, llevar dos sables en el cinturón es un distintivo de la Vía del samurái, aunque el que los lleve no sepa usarlos. Propongo el nombre *Nitō-Ryū* para que el mundo conozca las ventajas de emplear tanto el *tachi* como el *wakizashi*.

Otras armas, como la lanza y la *naginata*, son armas complementarias, de repuesto. La forma correcta de iniciarse en la Vía del guerrero de la escuela *Niten-Ichiryū* es empezar a entrenar con un *tachi* y un *wakizashi*, uno en cada mano. Este principio es fundamental en mi enseñanza.

Cuando uno está por dar su vida en el campo de batalla, no puede dejar los sables abandonados como último recurso. Hay que usarlos hasta el final. Morir con las armas colgando inútilmente del cinturón es inaceptable.

La dificultad radica en llevar un sable en cada mano. *Nitō-Ryū* consiste en acostumbrarse a manejar el sable con una sola mano. A diferencia de otras armas más grandes, como la lanza y la *naginata*, que suelen empuñarse con las dos manos, tanto el *tachi* como el *wakizashi* son armas que deben empuñarse con una mano.

Empuñar un *tachi* con las dos manos supone una desventaja al montar a caballo o correr por terrenos como barrizales, suelos rocosos o caminos difíciles, o por entre una multitud. El *tachi* no debe empuñarse con ambas manos, hay que dejar una libre por si hemos de sostener una lanza, un arco u otra arma. Sin embargo, ante la dificultad de abatir al rival y para asegurar el golpe, puede ser necesario empuñarlo con ambas manos. No es una técnica difícil de asimilar.

Comienza manejando dos sables simultáneamente según el método *Nitō* y practica hasta interiorizar el movimiento de blandir el *tachi* con una sola mano. Al principio, puede resultar pesado e incómodo; eso ocurre con todas las armas: tensar un arco no es fácil, sostener una *naginata*, tampoco, pero mejora con la experiencia. Del mismo modo, cuando te acostumbres al *tachi*, comprenderás su manejo y te resultará más fácil blandirlo.

Dominar el *tachi* no se limita a esgrimirlo con rapidez. En el manuscrito del agua profundizaremos sobre esto, pero, de momento, lo fundamental es saber que hay un sable adecuado para cada situación: el *tachi* para los espacios abiertos y el *wakizashi* para los cerrados. En la escuela *Niten-Ichiryū*, nuestro compromiso es ganar, con sables largos o cortos, por lo que la longitud no es una condición reglamentaria. Esforzarse por alcanzar la victoria, independientemente de la largura del sable, es el camino que nos hemos trazado en mi escuela, *Niten-Ichiryū*.

Hay circunstancias en las que es mejor luchar con dos sables, como en enfrentamientos contra múltiples adversarios o cuando el oponente está acorralado. No entraré en detalles de momento, pero debes recordar que todas las situaciones pueden entenderse a partir de una sola. Cuando comprendas los principios de la victoria, podrás anticiparte a cualquier situación. Reflexiona esto a fondo.

6. Los principios subyacentes a las palabras «Vía» y «Estrategia»

Aquellos que manejan el *tachi* con maestría conforme al código de la Vía reciben el nombre de «estrategas». En las artes marciales, a los que tiran con arco se les llama arqueros; a los que disparan un arma de fuego, arcabuceros; a los que pelean con lanzas, lanceros, y los que manejan la pica, o *naginata*, son los piqueros. Sin embargo, a los que utilizan el *tachi* o el *wakizashi* no los llamamos «tacheros» ni «wakizasheros». Arcos, arcabuces, lanzas y *naginata*s son armas de combate y cada una ocupa su lugar en la Vía de la Estrategia.

Pero hay una razón por la que nos centramos en el *tachi* en dicha Vía. Gracias a él, los guerreros gobiernan el mundo exterior y se gobiernan a sí mismos. El *tachi* es, por consiguiente, el origen de la estrategia. Alguien que comprende bien las virtudes del *tachi* es capaz de vencer a un adversario o a diez. Y si uno puede vencer a diez, cien pueden vencer a mil, y mil personas ciertamente pueden vencer a diez mil. Luego entonces, en mi escuela, *Niten-Ichiryū*, derrotar a uno es igual que derrotar a diez mil; lo que equivale a decir que la estrategia de *Niten-Ichiryū* abarca la Vía del guerrero en su totalidad.

Por ahondar un poco en el concepto de «Vía», quienes cultivan las vías del confucianismo, el budismo, la ceremonia del té, el protocolo o la danza tradicional *Nōh* recorren caminos distintos al del guerrero. Pero, aun siguiendo caminos diferentes, descubrirán puntos en común entre ellos si conocen bien sus códigos. Es importante que cada individuo alcance la excelencia en la vía que practica.

7. Las ventajas de las diferentes armas en la Vía de la Estrategia

Comprender bien las ventajas de cada una de las armas y los distintos fines para los que se emplean durante un combate te será de gran ayuda para aprovecharlas al máximo en el momento preciso.

El *wakizashi* resulta sumamente útil en espacios reducidos o cuando pretendes aproximarte a tu adversario. El *tachi* suele ser útil en cualquier situación.

En el campo de batalla, la lanza tiene un poco de ventaja sobre la *naginata*. La primera es ofensiva, la segunda es más defensiva. En manos de dos guerreros con el mismo nivel de habilidad, la lanza es un poco más potente, pero, dependiendo de las circunstancias, las dos presentan limitaciones en

に勝ち、千人で万人に勝つ

espacios reducidos. Por ejemplo, ninguna sirve bien cuando el adversario se encuentra atrincherado en posición de defensa. El uso de ambas se reduce a los espacios abiertos, por lo que su eficacia en las batallas campales es extraordinaria. Sin embargo, si te limitas a practicar con ellas en espacios cerrados y te obsesionas con sus detalles técnicos, corres el riesgo de olvidar el propósito original de estas armas y te resultarán inútiles en un combate real.

El arco puede emplearse para realizar maniobras tácticas contra el enemigo, en coordinación con una compañía de lanceros u otras formaciones. Como las flechas se disparan con mucha rapidez, es un arma especialmente útil en terrenos abiertos y relativamente llanos. Sin embargo, resulta insuficiente para asediar un castillo o si el enemigo se encuentra a más de 36 metros de distancia. Sobra decir que, hoy por hoy, tanto el tiro con arco como muchas de las disciplinas bélicas son una mera exhibición y que su uso en un combate real se está descuidando. Este tipo de «artes escénicas» no tiene ninguna utilidad práctica.

Las armas de fuego demuestran su máxima utilidad en espacios cerrados, como los castillos. También tienen sus ventajas en campo abierto, antes de que comience la batalla, pero pierden considerablemente su eficacia una vez iniciada esta. Por contraste, una ventaja del arco es que las flechas son visibles, lo que permite contar las bajas. Las balas, en cambio, no dejan un rastro visible. Tenlo en cuenta.

En cuanto a la caballería, es importante que los caballos respondan a las riendas y estén bien adiestrados. En general, los instrumentos de guerra deben dar la talla. El paso del caballo, el filo del *tachi* y el *wakizashi*, la punta de la lanza y la *naginata*, el arco y el arma de fuego: todo debe demostrar fuerza y resistencia.

De igual modo, es inaceptable inclinarse por un arma en particular. El exceso es tan malo como el defecto. No elijas las armas en función de lo que hacen los demás. En su lugar, elige un arma con la que te identifiques y que encaje bien en tu mano. Es un error que los generales y los soldados muestren preferencias por determinadas cosas. Trabajar este aspecto es importante.

8. El ritmo de la Vía del guerrero

Todo tiene su ritmo, también la Vía del guerrero. Cada ritmo está perfectamente acompasado con su oficio, pero no se mostrará claramente si no nos hemos preparado para verlo. Los intérpretes del teatro *Nōh*, los músicos, los concertistas, etc., todos llevan un ritmo propio y adecuado. En la Vía de las artes marciales, cada acción tiene su momento, ya sea lanzar una flecha, disparar un arma o montar a caballo.

En todas las artes, tanto escénicas como artesanales, el ritmo es fundamental. Incluso hay ritmos que no se ven, pero se perciben. El samurái aprende el ritmo de la vida en la lealtad a su señor y en la desgracia del exilio. Hay ritmo en la armonía y ritmo en la discordia. También la vía del comerciante se rige por el ritmo, tanto en la riqueza como en la ruina. Cada camino lleva su compás. Debes aprender a distinguir el ritmo de la prosperidad y el de la decadencia en todo lo que existe.

El ritmo de la Vía de la Estrategia es complejo. Lo componen, en primer lugar, los momentos de armonía y discordia con tu oponente; también están el ritmo que se genera entre las dinámicas de velocidad y volumen, el del momento de asestar un golpe, el de la pausa y el del contraataque. En la Vía de la Estrategia es crucial conocerlos todos. Si no conoces el ritmo necesario para contrarrestar un ataque de tu rival, la Vía de la Estrategia no resonará en tu interior.

Descifra los ritmos de tu adversario y sorpréndelo a contratiempo para vencerlo. Emplea tus conocimientos para captar los ritmos internos que no son evidentes a simple vista y aprovecha la sabiduría que te confiere la Vía para hacerte con la victoria. En todos mis escritos, enfatizaré la importancia del momento. Ten en cuenta todas mis explicaciones y ponlas en práctica cuando entrenes.

9. Recorrer el camino

Si entrenas con constancia de la mañana a la noche, tu mente se abrirá a la Vía de la Estrategia del guerrero de mi escuela. A continuación, recopilo la Vía del guerrero en cinco manuscritos: tierra, agua, fuego, viento y expansión, para ponerla en conocimiento de individuos y comunidades de todo el mundo.

Quienes deseen seguir la Vía de la Estrategia de mi escuela, deben consagrarse a ella siguiendo estas reglas:

1. No alimentes pensamientos perversos.
2. Fórjate cultivando la Vía.
3. Instrúyete en diversas artes.
4. Entiende las vías o fundamentos de todas las profesiones.
5. Comprende la integridad de todo lo que te rodea.
6. Percibe el verdadero valor de las cosas.
7. Capta lo que el ojo no ve.
8. Presta atención incluso los detalles más ínfimos.
9. Procura que todo lo que hagas tenga un propósito.

Estos son los principios que debes tener presentes mientras cultivas la Vía del guerrero.

Dominar este camino es un gran desafío si no logras ver en toda su dimensión lo que implican sus fundamentos. Pero si aprendes estas reglas, ni veinte ni treinta adversarios podrán vencerte, aunque tengas que luchar con una sola mano. Si te entregas de lleno a la Vía de la Estrategia y sigues el camino recto, siempre tendrás ventaja, e incluso te bastará con una mirada para dominar a los demás. Tu cuerpo adquirirá agilidad a medida que lo entrenes, lo que te permitirá imponerte a los demás físicamente. Por último, cuando tu espíritu esté en plena sintonía con la Vía, podrás someter a los demás con tu fuerza mental. Habiendo llegado tan lejos, ¿qué podría hacer tu enemigo para intimidarte?

A gran escala, para un general, la Vía de la Estrategia implica la ventaja de contar con tropas superiores, la capacidad de maniobrar grandes ejércitos, la autodisciplina, el buen gobierno de su región, el cuidado de su pueblo y la defensa las leyes universales. Sea cual sea el camino que tomes, la clave está en saber cómo evitar la derrota y labrarte una sólida reputación. Eso es la Vía de la Estrategia del guerrero.

Shinmen Musashi-no-Kami-Genshin, 12 de mayo de 1645
A mi discípulo, Terao Magonojō

役に立たないことに手を出さない

水の巻

CAPÍTULO 2

Manuscrito del agua

La esencia de la escuela *Niten-Ichiryū* radica en el agua, por eso expongo la manera *Ichiryū* de esgrimir el sable en el manuscrito del agua.

Es difícil expresar las complejidades de este camino tal y como las concibo. Pero incluso si mis palabras no alcanzan a explicarlo todo, reflexionando con calma desarrollarás la intuición para entender lo que está escrito. Cada palabra, cada frase de este libro, debe ser reflexionada y considerada con detenimiento. La dispersión mental conduce a interpretaciones erróneas sobre la Vía del guerrero.

Aunque los principios para la victoria aquí expuestos se refieren a combates entre dos rivales, es importante entender que pueden extrapolarse a grandes batallas. La Vía del guerrero es un camino enrevesado en el sentido de que incluso un ligero error de juicio te llevará en la dirección equivocada, a un camino contrario y tangencial.

兵法における心の持ちかた

Una mera lectura de este texto no bastará para comprender la Vía del guerrero. Debes tomar su contenido como si se hubiera escrito expresamente para ti. No te limites a una lectura superficial, no te conformes con memorizarlo, no lo imites. Por el contrario, ten la convicción de que los principios que aquí se recogen son una parte central de ti y que te esfuerzas por ser un vivo ejemplo de ellos.

1. La actitud mental de la Vía de la Estrategia

El equilibrio es esencial para los que siguen la Vía de la Estrategia; el ánimo debe permanecer imperturbable día tras día. La firmeza mental es imperativa tanto en la vida cotidiana como en el entrenamiento estratégico. Tu mente debe permanecer abierta y enfocada, libre de tensiones, pero nunca laxa. Evita que divague, mantenla centrada, pero tranquila y flexible. Esto requiere una profunda reflexión para que tus pensamientos puedan fluir con la corriente, en lugar de dejarse arrastrar por ella.

La mente no debe estar ociosa en momentos de tranquilidad, ni debe precipitarse, por muy rápido que sucedan las cosas. La mente no debe estar supeditada al cuerpo ni el cuerpo a la mente. Observa el movimiento de tu mente y no te obsesiones por el de tu cuerpo. Tu mente no debe estar vacía, pero tampoco sobrecargada. Tus pensamientos más superficiales pueden quedar expuestos, pero asegúrate de que los más íntimos quedan protegidos de las personas que traten de penetrar en ellos.

Una persona pequeña debe tener presente lo que la supera en tamaño, y una persona grande, lo que es más pequeño que ella. En ambos casos, es importante mantener la calma y procurar no dejarse condicionar por ideas preconcebidas sobre las implicaciones del tamaño.

Conserva la claridad y la apertura mental y tendrás espacio de sobra para todos tus conocimientos. Pulir tanto la mente como la sapiencia es fundamental. Aumentar tu sabiduría te permitirá discernir entre lo lógico y lo ilógico del mundo, y distinguir el bien del mal. Cultívate en todas las artes existentes y con el tiempo no habrá persona en el mundo que sea capaz de engañarte. Entonces, y sólo entonces, florecerá en ti el primer brote real de entendimiento de la Vía del guerrero.

La sabiduría es un rasgo distintivo de la Vía del guerrero. En el campo de batalla, cuando estés ocupado en mil cosas a la vez, recuerda centrarte en los principios de la Vía de la Estrategia y halla la firmeza en tu interior.

2. El porte en la Vía de la Estrategia

Tu postura es importante. Mira al frente, sin inclinar ni ladear la cabeza. La mirada debe transmitir compostura. Frunce el ceño levemente y mantén fijos los ojos, sin parpadear y un poco entrecerrados, abarcando un amplio campo visual. Yergue la cabeza y eleva el mentón ligeramente. Mantén el cuello recto y firme, los hombros hacia abajo y hacia atrás. Imagina tu cuerpo como una línea que cae desde los hombros, pon la espalda recta y la pelvis ligeramente hacia dentro. Mantén la postura firme sobre las rodillas y los pies, apretando el abdomen para evitar que se arquee la parte inferior de la espalda. El elemento final que integra esta postura es el *wakizashi*. Enváinalo y, sosteniéndolo contra el abdomen, asegúrate de que el cinturón queda bien ajustado. Esta acción de asegurar la pieza clave se conoce como «poner el pasador».

Como regla general, para tener una buena postura según la Vía del guerrero, es importante que tu porte cotidiano se convierta en tu postura de combate y viceversa. Recuerda esto.

3. La mirada en la Vía de la Estrategia

観と見との二つ眼

Tu visión debe ser amplia a lo ancho y a lo largo. No es lo mismo ver que mirar. La mirada que «ve» es intensa, la que «mira» es suave. Ser capaz de ver las cosas lejanas como si estuvieran cerca, y las cercanas como si estuvieran lejos es una habilidad esencial en la Vía de la Estrategia. Con esto me refiero a que debes saber exactamente dónde está el *tachi* del enemigo sin detener tu vista en él más de lo necesario. Es una habilidad esencial para el combate y debes esforzarte por desarrollarla.

La forma de mirar es igual tanto en combates de uno contra uno como en grandes batallas campales. Observar lo que hay en tu visión periférica sin necesidad de mover los ojos es una destreza fundamental que se adquiere con la práctica y la constancia. Recuerda siempre estos principios y nunca cambies la mirada, pase lo que pase.

4. Empuñar el *tachi*

Para empuñar el *tachi*, sostenlo suavemente con el pulgar y el índice, el dedo corazón ejercerá una tensión media. La mayor fuerza de la empuñadura se hace con los dedos anular y meñique. No debes, bajo ningún concepto, relajar la mano. El *tachi* es el arma con la que abatimos a nuestro rival y debe esgrimirse con decisión.

Al hender a tu adversario, no cambies el agarre ni tenses la mano. Sólo el pulgar y el índice se moverán ligeramente al golpear, parar un ataque o presionar el sable del enemigo. En cualquier caso, el sable siempre se blande con la intención de hendir, independientemente de la razón por la que lo empuñes, ya sea para probarlo, infligir una herida estratégica o una mortal.

La rigidez es inadmisible, tanto en la mano como en el movimiento del sable. Una mano rígida es una mano muerta. Una mano suelta está viva con el movimiento. Interioriza esto.

5. Juego de pies

Al mover los pies, aligera los dedos e impúlsate con fuerza desde los talones. Dependiendo de las circunstancias, puedes dar pasos grandes o pequeños, rápidos o lentos, pero camina siempre con naturalidad. Los movimientos conocidos como «pies saltarines», «pies flotantes» y «pies pesados» no convienen. En su lugar, practica el juego de pies yin-yang, es decir, coordina los pies al dar los pasos. Cuando estés atacando, retrocediendo o parando golpes, mueve tus pies como el Yin y el Yang: derecho e izquierdo, derecho e izquierdo. Nunca debes mover un solo pie. Considera esto detenidamente.

6. Las cinco posiciones

Las cinco posiciones de combate son alta, media, baja, izquierda y derecha. Son diferentes, pero todas tienen el mismo propósito: cortar al oponente. Sólo existen estas cinco, pero recuerda que su cometido es herir con el sable, no exhibirse.

Expandir o recoger la postura depende de las circunstancias y de si te beneficia. Las posiciones alta, media y baja son las básicas, mientras que las laterales izquierda y derecha sirven para situaciones más específicas, como cuando hay obstáculos por encima o por alguno de los costados. El uso de estas últimas debe considerarse con arreglo al campo de batalla.

La posición media es la más importante en la Vía del guerrero; es la piedra angular, el fundamento de todas las posturas. Si observas la Vía de la Estrategia en su conjunto, verás claramente que la posición media es la del general líder y las cuatro restantes son las que siguen su ejemplo. Tenlo siempre presente.

7. El movimiento correcto del sable

静かに振る心で振る

Entender bien el manejo del *tachi*, tu compañero inseparable, significa conocer el recorrido de su hoja lo suficientemente bien como para poder blandirlo con total libertad, aunque lo tengas sujeto con solo dos dedos. Si te excedes en rapidez, te resultará más difícil realizar la trayectoria correcta. Manéjalo con serenidad, de modo que te resulte fácil y natural. No conseguirás este propósito si lo blandes frenéticamente, como se agita un abanico o una daga, a lo que llamamos luchar «dando puntadas», como si el *tachi* fuera una máquina de coser, y así no conseguirás herir a tu rival.

El movimiento debe ser bascular, es decir, al golpear hacia abajo en vertical, el sable debe regresar a su posición superior siguiendo la misma trayectoria; al golpear de lado, regresará por el mismo eje horizontal. En esencia, para golpear con potencia, el movimiento debe aprovechar todo el alcance del brazo. Esa es la vía del *tachi.*

Si dominas las cinco formas de combate de mi escuela, *Ichiryū*, tu sable seguirá la trayectoria correcta sin esfuerzo. Debes entrenar con perseverancia.

8. Las cinco formas de combate con el sable: Número uno

La posición media es la fundamental. Partiendo de ella, enfréntate a tu oponente con el sable apuntando a su rostro y listo para desviar un ataque hacia la derecha deslizando tu hoja sobre la suya. Si ataca una segunda vez, contraataca con un golpe descendente para someter su sable y mantenerlo inmovilizado. Ante un tercer ataque, dirige un golpe a sus brazos desde abajo. Esta es la primera forma.

Es difícil comprender *las cinco formas* si te limitas a leer este texto. Las he transcrito para que sepas empuñar el *tachi* y practicar sus movimientos específicos. Con ellas lograrás entender la trayectoria del sable y sabrás predecir todos y cada uno de los ataques de tu oponente. El método *Niten-Ichiryū* no contempla más formas que estas cinco, y debes adquirir experiencia en cada una de ellas.

9. Las cinco formas de combate con el sable: Número Dos

En segundo lugar, está la posición alta. En cuanto tu adversario entre a atacar, detenlo con un golpe en seco desde dicha posición. Mantén tu sable sobre el suyo, a menos que se disponga a atacar de nuevo, en cuyo caso puedes alzar tu sable y volver a repetir la acción. El procedimiento será el mismo independientemente de cuántas veces intente atacar.

Cada forma tiene un enfoque y un ritmo propios. Si acumulas experiencia practicando las cinco formas del *Niten-Ichiryū*, tu conocimiento de la vía del sable será tan profundo que no cometerás grandes errores y saldrás victorioso en cualquier situación. Es fundamental no dejar de entrenar.

10. Las cinco formas de combate con el sable: Número tres

La tercera de las posiciones es la baja. El sable apunta hacia abajo y tu espíritu está anclado a la tierra. Cuando el enemigo entre a atacar, golpea sus manos con un movimiento ascendente. Si intenta atacar de nuevo, mantén el ritmo y responde con un golpe horizontal dirigido a sus brazos. El objetivo de la posición baja es detener la embestida del enemigo de un solo golpe.

Blandir el *tachi* siguiendo su trayectoria natural en la posición baja, te permite adaptarte a los movimientos del adversario, ya sean rápidos o lentos. Empuña tu sable y compruébalo.

11. Las cinco formas de combate con el sable: Número cuatro

En la cuarta postura, comienza con los sables a tu lado izquierdo. En un movimiento ascendente, dirige un golpe a las manos de tu adversario. Si intenta interceptar tus sables, céntrate en hendir sus manos y continúa tu movimiento diagonal ascendente, que es la trayectoria natural del *tachi* en esta postura, hasta situarlo por encima de tu hombro. Si el enemigo vuelve a atacar, utiliza la trayectoria correcta de la espada para posicionarte ventajosamente. Esta técnica requiere una profunda consideración.

12. Las cinco formas de combate con el sable: Número Cinco

En la quinta postura, comienza con los sables a tu lado derecho y en horizontal. Detén el ataque del enemigo y levanta el *tachi* en diagonal pasando de la posición baja a la posición alta. A continuación, realiza un corte en seco hacia abajo. Este movimiento es fundamental para comprender el recorrido del *tachi*.

Al familiarizarte con los movimientos del sable en las posiciones fundamentales, lograrás manejar el peso del *tachi* con una soltura increíble. No voy a entrar en grandes detalles sobre las cinco formas. Sin embargo, debes saber que, con una dedicación absoluta a su práctica, obtendrás una comprensión profunda del método *Niten-Ichiryū* y la capacidad de integrar el conjunto de ritmos e identificar los movimientos del sable de tu oponente.

Sea lo que sea a lo que te enfrentes, tienes garantizada la victoria si pules tu destreza entrenando sin descanso para saber prever cualquier acción de tu adversario y contrarrestarla con la rapidez adecuada según el ritmo del combate. Investiga y reflexiona sobre ello.

13. La lección de la «postura sin postura»

Al decir «postura sin postura» me refiero a que las posiciones para esgrimir el sable no deben ser fijas. Si bien yo he distinguido cinco posiciones básicas, o formas de combate, debemos evitar encasillarnos.

La elección de la posición depende de factores como el lugar, las circunstancias, el adversario e incluso la ubicación de este. Lo principal es que no pierdas de vista tu objetivo: abatir al enemigo fácilmente. Habrá ocasiones en que necesites bajar de la posición alta a la media y, llegado el momento, regresar al punto inicial. Desde la baja quizá puedas subir a la media. Incluso habrá situaciones en que sea conveniente llevar el sable al centro desde posiciones laterales, lo que te devolverá a una posición media o baja. Teniendo esto en cuenta, mi principio dicta que hay posturas, pero ninguna es estanca.

No importa el contexto, cuando se empuña el sable es porque se está listo para usarlo. Debes estar totalmente preparado para derribar a cualquier enemigo y enfrentarte al sable que se alza en tu contra. Si te centras exclusivamente en parar los ataques o te limitas a entrecruzar golpes, roces y demás toques de sable, estarás perdiendo la oportunidad de cortar al rival. Es esencial que encamines todas tus acciones a un único objetivo: hendir. Reflexiona sobre esto detenidamente.

La disposición de las tropas en el campo de batalla es comparable a las posiciones del sable: cada posición es una formación diseñada para alcanzar la victoria. No es bueno encasillarse y confiar excesivamente en una formación porque nos es conocida. Tenlo muy en cuenta.

14. El ataque en un solo movimiento

Para ejecutar un ataque en un solo movimiento, debes posicionarte antes de que tu oponente se percate siquiera de tus intenciones. Se trata de un ataque tan rápido y certero que no desvela ningún movimiento previo y tu mente funciona por instinto.

La esencia de este ataque es golpear antes de que el enemigo tenga la oportunidad de decidir si desenvainar el sable, esquivar el golpe o atacar. Una vez hayas desarrollado la memoria muscular para ejecutarlo, puedes entrenar para aprovechar las aperturas en la defensa y golpear velozmente en las pausas o momentos de transición que se dan durante los combates.

15. El ataque en dos movimientos

El ataque en dos tiempos debe utilizarse para evitar que tu oponente se apresure a pararlo o a retroceder.

Empieza con una finta y, una vez que tu oponente se sienta seguro al haberla esquivado o parado, sorpréndele con otro golpe. En eso consiste el ataque en dos movimientos.

Será casi imposible llevar esto a cabo si te limitas a leer la teoría, pero si empuñas tu sable y recibes el entrenamiento adecuado, apreciarás rápidamente la idea.

16. El ataque inconsciente e impredecible

En mitad de un cruce de golpes con tu adversario, tu inconsciente toma el control de tu cuerpo y de tu mente con un único objetivo: tocar al enemigo. Tus manos golpearán de forma automática con una fuerza y rapidez provenientes de una habilidad denominada «ataque inconsciente e impredecible», y es fundamental.

Este golpe puede utilizarse repetidas veces contra el adversario. Practícalo hasta hacerte con él, interiorízalo y ejercítalo.

17. El golpe del agua en calma

Emplea este golpe cuando estés de frente al adversario y observes que intenta retroceder rápidamente, esquivar tus golpes o desengancharse de tu sable. Deja que tu cuerpo y tu espíritu se expandan con movimientos lentos y constantes, como el agua en calma. Tu sable debe imitar a tu cuerpo en un golpe grande y contundente. Con suficiente entrenamiento, esta técnica resulta simple pero eficaz. Requiere un análisis minucioso de la postura del enemigo.

18. El golpe oportuno

Cuando lances un ataque y el enemigo se disponga a bloquearlo o desviarlo, aprovecha la oportunidad para herirlo en la cabeza, las manos y las piernas de un solo tajo. Cortar varias partes aprovechando el recorrido del *tachi* es lo que denomino el «golpe oportuno».

Lo mejor es practicar este ataque a fondo, ya que tiene innumerables aplicaciones prácticas contra tu enemigo. La experiencia en combate te permitirá aprender esta técnica.

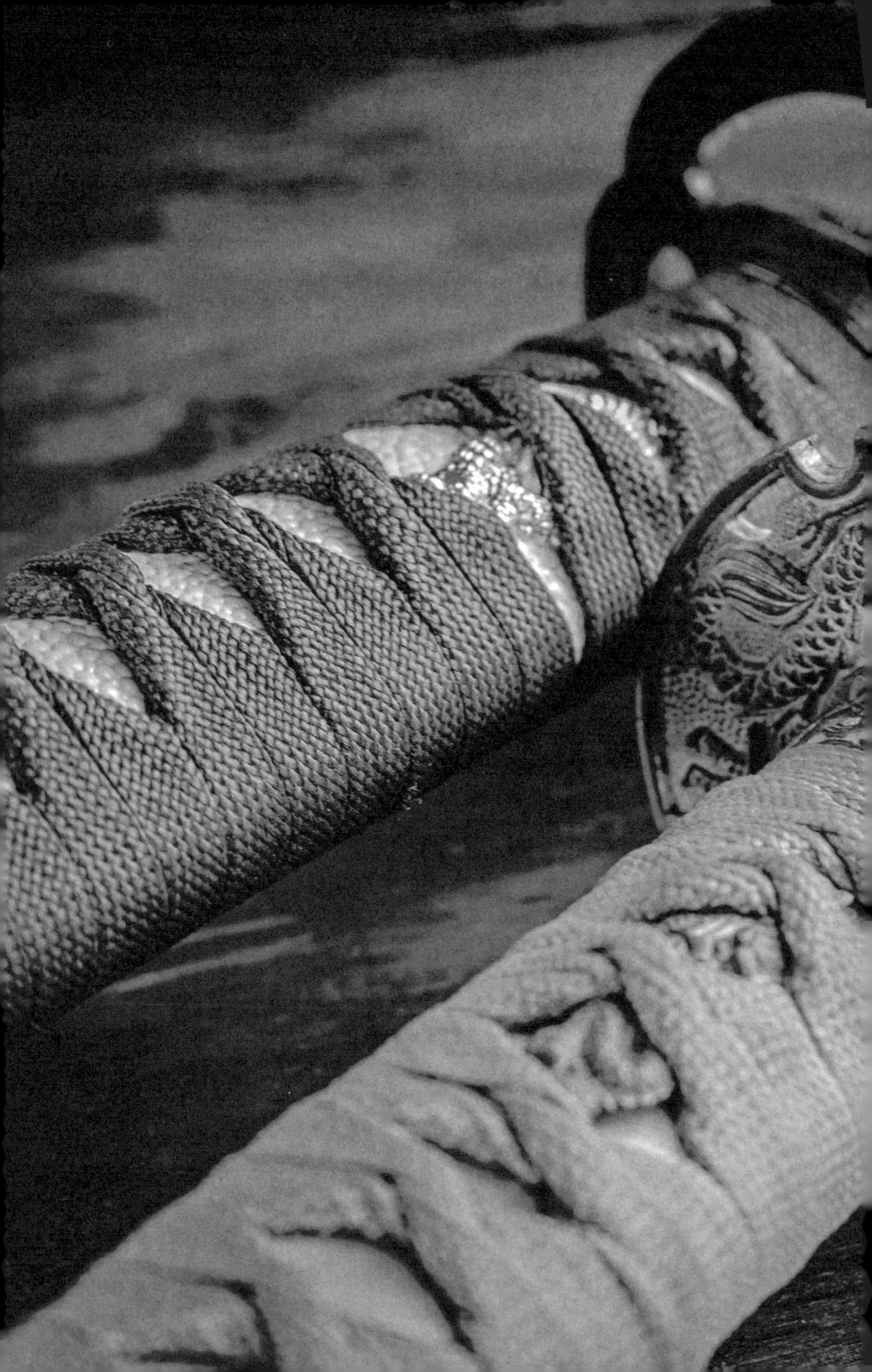

19. El golpe del eslabón al pedernal

Cuando tu sable y el de tu enemigo queden trabados entre sí, asesta un golpe fuerte y rápido, como golpearías un pedernal con un eslabón, pero sin despegar tu *tachi* lo más mínimo. Coordina las piernas, el torso y los brazos para que el golpe sea rápido y efectivo.

Este movimiento es difícil de realizar sin haberlo practicado mucho. No dejes de entrenar para aumentar la velocidad del golpe.

20. El golpe de las hojas de otoño

Este movimiento está pensado para desarmar a tu adversario; que, con un golpe tuyo, su sable caiga al suelo.

Cuando entre en posición atacar o repeler tu ataque, asesta a su sable un golpe «inconsciente e impredecible» o el «golpe del eslabón al pedernal». Mantén tu sable apuntando hacia abajo y no dejes de presionar el suyo con todas tus fuerzas mentales y físicas: acabará soltándolo.

Con la práctica, aprenderás a quitarle el sable a tu enemigo de un golpe y con facilidad. Procura entrenar bien.

21. Técnica del cuerpo antes que el sable

También se conoce a la inversa: «el sable antes que el cuerpo». Normalmente, cuando nos disponemos a golpear al adversario, no movemos el sable y el cuerpo a la vez. Dependiendo de la intención de tu rival, el cuerpo suele ser el primero en adoptar la posición de ataque, seguido del sable, que asesta el golpe. Puede haber ocasiones en las que el sable intervenga antes, pero, por regla general, el cuerpo se mueve primero y el sable, después. Piensa en esto detenidamente mientras aprendes a golpear.

22. «Golpear» versus «tocar»

Estableceremos una distinción entre golpear y tocar. Esto es, se golpea con la intención de causar un daño certero, sin importar la forma. Tocar, sin embargo, sirve para tantear el terreno. Un toque puede ser fortísimo, incluso causar la muerte del rival, pero sigue siendo fruto del simple contacto. Asestar un golpe requiere una intención, un objetivo.

«Tocar» equivale «alcanzar». Alcanzar los brazos o las piernas del enemigo es sólo un primer paso, que debe ir seguido de un golpe decisivo. Con la práctica te darás cuenta de la gran diferencia que hay. Piénsalo detenidamente.

23. Técnica del mono de otoño

La técnica del «mono de otoño» consiste en adoptar una postura en la que los brazos se mantienen pegados al cuerpo. Al avanzar hacia el espacio del enemigo, céntrate en mantener los brazos recogidos. Antes de que tu adversario ataque, entra en su espacio tan rápido como puedas y quédate ahí, listo para atacar. Si avanzas con los brazos extendidos, inevitablemente, tu cuerpo se quedará rezagado, y lo que te interesa es avanzar con todo el cuerpo lo más rápido posible. Al quedar a tan corta distancia, podrás lanzarte sobre él con mucha más facilidad. Reflexiona detenidamente sobre esta técnica.

24. Técnica del pegamento y el barniz

La esencia de la técnica del «pegamento y el barniz» consiste en aproximarse tanto al enemigo que no pueda desprenderse de ti. Pégate a él hasta cubrirlo completamente y que seáis prácticamente inseparables. La gente tiende a mover primero la cabeza o las piernas, dejando el cuerpo atrás. Adhiérete a tu adversario de tal manera que no quede ni un espacio entre vosotros. Es una técnica que hay que estudiar con atención.

打つと当たるとは、別のことである

25. Imposición por altura

Sea cual sea la situación, cuando estés a un brazo de distancia del enemigo, debes procurar superarlo en estatura. Estira las piernas y la columna vertebral, eleva el cuello y mantente firme de cara a tu adversario. Es imperativo que te mantengas erguido, estirándote tanto que destaques sobre él. Reflexiona esto detenidamente.

26. Unión de sables

Cuando se produce un ataque simultáneo entre tú y tu oponente, si el rival detiene tu embate, aprovecha la oportunidad para invadir su espacio y adherir tu sable al suyo. Procede con la determinación y la calma necesarias como para encajar las hojas con firmeza, pero sin ejercer demasiada fuerza. Una vez conseguido, podrás entrar en su espacio sin necesidad de precipitarte.

Hay una diferencia entre «unión» y «enredo». La unión es un movimiento decidido, pero, si las espadas se enredan, se pierde fuerza. Debes controlar esta diferencia.

27. Choque corporal

Cuando hayas entrado en el espacio del enemigo, embiste contra él con todo el peso de tu cuerpo. Gira ligeramente la cabeza y golpea con tu hombro izquierdo el pecho del adversario. Arremete con toda la fuerza de tu cuerpo, repite el movimiento de forma rítmica, como en un intercambio de golpes y listo para recolocarte después de cada embestida. Si practicas esta técnica, serás capaz de hacer que salga proyectado entre tres y seis metros, lo suficiente, quizá, para causarle un daño mortal. Entrena duro y domina esta técnica.

28. Las tres defensas

Hay tres formas de parar un ataque.

La primera consiste en parar el embate del enemigo cuando avanzas. Desvía su ataque hacia la derecha por encima de tu hombro derecho y arremete con tu otro sable contra su ojo.

Segundo, lanza una estocada directa al ojo derecho del enemigo, mientras repeles su ataque y contraatacas con un sablazo dirigido a su cuello.

Tercero, avanza para entrar en el espacio del enemigo con tu sable corto por delante, casi ignorando el *tachi*. Considera el espadazo que vas a propinar con tu mano izquierda como un puñetazo directo a la cara del adversario.

Estas son las tres defensas. Son como un potente gancho de izquierda directo a la cara del enemigo. Practica una y otra vez hasta perfeccionarlas.

29. Estoquear el rostro

Un objetivo a tener siempre en cuenta durante el combate es tratar de estoquear el rostro del rival con tu sable. Si persistes en el intento, el enemigo se verá obligado a agacharse o retirarse. Cuando esté en retirada, dejará al descubierto numerosas brechas por las que asestar el golpe que te dará la victoria. Reflexiona sobre esto.

Si ves una brecha mientras tu enemigo esquiva tus golpes, ya has ganado. Procura siempre herir el rostro del rival. Debes perfeccionar esta técnica mientras cultivas la Vía del guerrero.

30. Estoquear el pecho

Puedes recurrir a esta técnica cuando el espacio superior sea reducido o los flancos estén bloqueados impidiéndote asestar un golpe. Detén el ataque del rival con el lomo de tu sable y, después, con la hoja perfectamente recta y apuntando al pecho, lanza una estocada. Emplea esta técnica cuando estés cansado o cuando tu sable no esté lo suficientemente afilado. Practica una y otra vez.

31. La técnica «estocada y sablazo»

Recurre a este *riposte* para obligar a tu oponente a retroceder cuando intente contraatacar después un avance tuyo. Eleva el sable como para clavárselo, luego cambia de la estocada a un sablazo. Repite la acción al ritmo: estacada, sablazo; lanza una estocada rápida, asesta un corte incisivo.

Este juego de golpes repetitivo puede utilizarse en cualquier batalla, sin importar las circunstancias. Encuentra el ritmo adecuado con la vista puesta en clavar la punta de tu sable y luego cortar aprovechando el impulso de la espada. Practica esto incluso mientras lo estudias.

32. Técnica de la «bofetada defensiva»

Esta técnica se utiliza cuando te ves envuelto en un *impasse* de choques de espada. Interrumpe el ataque del enemigo con un golpe en seco de tu *tachi*, seguido de un ataque.

El golpe no precisa ser muy fuerte, aunque tampoco es una mera defensa. Asesta una «bofetada» con tu *tachi* al *tachi* del enemigo y, acto seguido, ataca.

Para que la técnica sea efectiva, es fundamental tomar la iniciativa, tanto en la parada como en el ataque. Si sabes coordinar bien los movimientos, tendrás un control férreo de tu sable y rechazarás cualquier embate de tu oponente, por fuerte que sea, con un ligero manotazo. Tenlo en cuenta y practica sin cesar.

素早い拍子で、喝・咄と打つ

33. Enfrentarse a varios adversarios

Cuando te enfrentes a varios enemigos a la vez, desenvaina tanto el *tachi* como el *wakizashi* y adopta una postura amplia, abarca cuanto puedas, con los sables extendidos como si fueras a lanzarlos a izquierda y a derecha. Si los enemigos se aproximan por los cuatro costados, empújalos hacia uno de ellos. Cuando se lancen a ti, ocúpate de ellos por orden de proximidad. Mantén amplio tu campo de visión y, cuando sepas desde dónde te van a atacar, blande ambos sables simultáneamente, corta al enemigo que tengas delante y derriba a los que tengas a los lados aprovechando el movimiento de reversa del sable. No te detengas, recupera inmediatamente tu postura y ataca a los que avanzan por los lados. Rompe las filas del enemigo, no dejes de cargar contra él y derriba a tus oponentes a medida que avanzas.

Encuentra la forma de reducir a tus adversarios a una sola fila. En cuanto los tengas alineados como fichas de dominó, ábrete paso a base de espadazos rápidos, sin fallar ni uno. Atacarlos en grupos es peligroso ya que te expone a una emboscada. Por otra parte, saber por dónde se aproxima el enemigo, pero esperar a que venga a ti tampoco te conviene. La victoria llegará si te mueves a su ritmo y conoces sus debilidades.

Cuando puedas, lleva esto a la práctica: entrena luchando contra varios adversarios y oblígalos a retroceder. Una vez que domines esta técnica, despachar a uno, diez o incluso veinte enemigos te resultará fácil. Aprende entrenando.

34. Los principios del combate

La victoria en un combate a espadas se logra respetando los principios del mismo. No puedo detallar cada aspecto en este escrito; depende de ti aprender con práctica y disciplina lo que se necesita para ganar. La verdadera Vía del guerrero se revela en las técnicas de la espada y los detalles sólo pueden enseñarse en persona.

35. El golpe certero

Este «golpe certero» garantiza una victoria indiscutible. Sin embargo, comprender el concepto requiere de un estudio meticuloso de la Vía de la Estrategia. Entrena diligentemente para abatir a tu enemigo de un solo golpe y te encontrarás en sintonía con la Vía del guerrero, capaz de recorrer libremente el camino hacia la victoria. Es absolutamente necesario que domines esta técnica.

36. Conexión directa

Lo que transmito a aquellos que se encuentran inmersos en el verdadero camino de *Niten-Ichiryū* es una conexión directa con el más profundo nivel de enseñanza. Templa tu cuerpo a través del entrenamiento para dominar la Vía de la Estrategia *Niten-Ichiryū*. Esto es lo fundamental. El resto de detalles deben ser enseñados de viva voz.

Todo lo transcrito hasta aquí constituye la esencia básica de mi escuela de *Ichiryū*.

Para saber vencer a tu rival, sable en mano, lo primero que debes aprender son las cinco posiciones del sable con sus cinco formas de manejarlo. Cuando también conozcas el verdadero recorrido de su hoja, adquirirás tal naturalidad en su manejo que no habrá limitación alguna en tus movimientos ni en tu dinámica. Aprenderás a sentir el ritmo de los golpes y tu dominio de la espada se convertirá en una parte integral de ti. Cuando tus piernas y todo tu cuerpo respondan exactamente a tus deseos, derrotarás a un rival o a cientos y, con el tiempo, llegarás a comprender las fortalezas y las debilidades de la estrategia.

Estudia las secciones de este manuscrito una a una a medida que libras combates y asimilas progresivamente los principios que llevan a la victoria. Pon toda tu voluntad en cultivar la disciplina de por vida y una paciencia infinita, buscando experiencias reales que te enseñen la virtud que reside en todo ello. Relaciónate con todo tipo de personas y aprende de ellas. El camino es largo, recórrelo paso a paso.

Para llegar a entender las artes marciales, se necesita una mente pausada y serena. La Vía de la Estrategia es la vocación del samurái, guíate por ella. Tu victoria de hoy es superarte a ti mismo; tu victoria de mañana será vencer tus debilidades; afianzar tus fortalezas es tu victoria de cara al futuro. Graba en tu mente todo lo escrito en este libro, y no dejes que tu mente se desvíe ni un ápice.

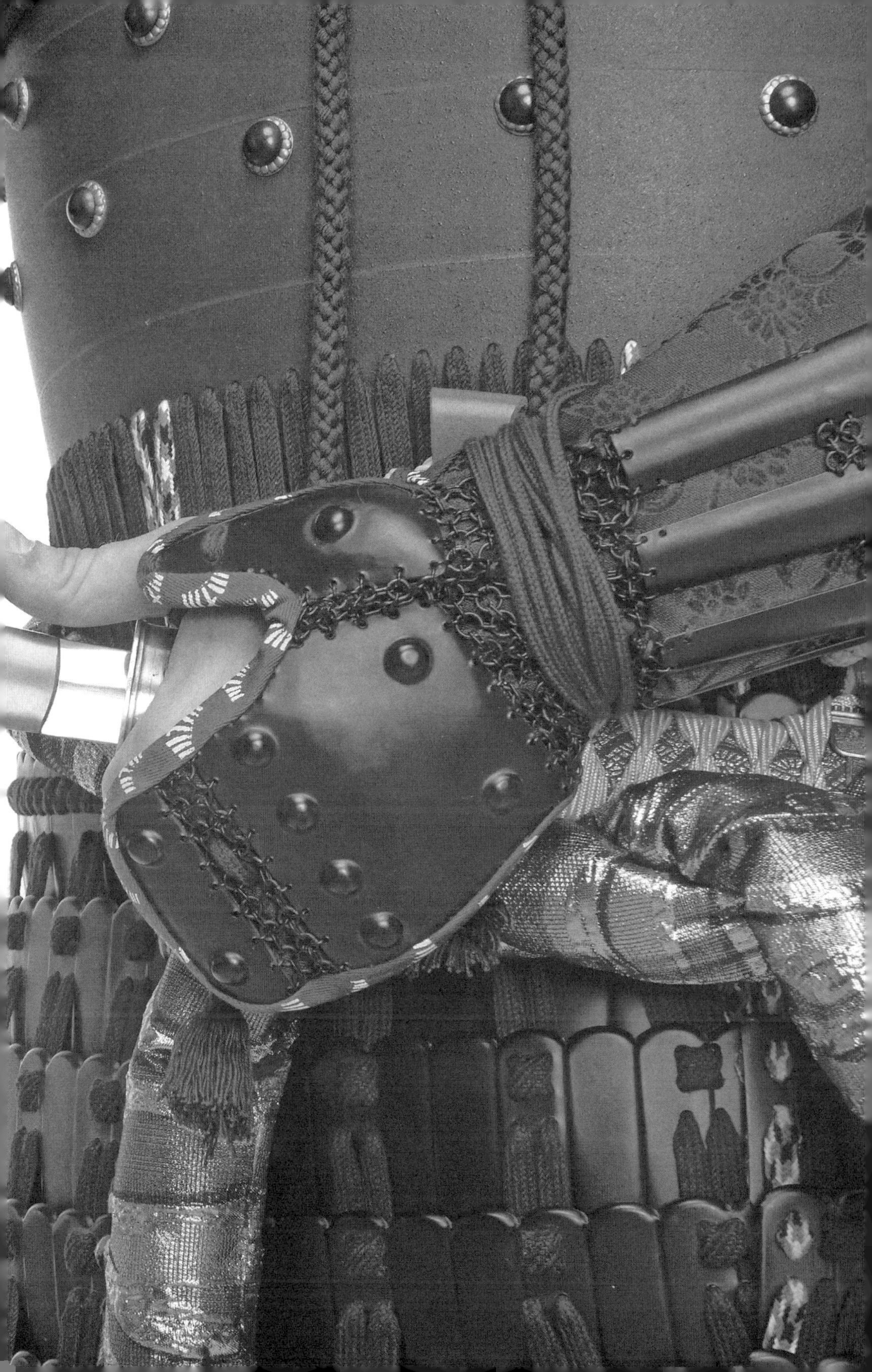

Vencer al enemigo más formidable no basta si lo haces desafiando las enseñanzas, porque no estarías cumpliendo lo que dicta la verdadera Vía de la Estrategia del guerrero.

Sabrás derrotar a cientos de adversarios por ti mismo si aplicas los principios que llevan a la victoria a todo lo que hagas. Tu maestría con el sable será la base para dominar los principios del pensamiento estratégico tanto en grandes batallas como en duelos.

Mil días de entrenamiento te forjarán, diez mil más te pulirán. Entonces, y sólo entonces, te acercarás a la maestría. Escruta estas palabras.

Shinmen Musashi-no-Kami-Genshin, 12 de mayo de 1645
A mi discípulo, Terao Magonojō

千日の稽古を鍛とし、
万日の稽古を練とする

火の巻

CAPÍTULO 3

Manuscrito del fuego

Según la Vía de la Estrategia de mi escuela, *Nitō-Ichiryū*, la batalla es como un fuego embravecido. En este manuscrito desvelaré todos los aspectos del combate.

Existe en el mundo cierta falta de amplitud de visión sobre los principios de la victoria y las artes marciales. Hay quienes se centran exclusivamente en el movimiento de los dedos y la muñeca para ganar, otros hacen bailar un abanico y entrenan más los antebrazos. También están los que insisten en ganar un poco más de velocidad con armas como el sable de bambú, o en trabajar la agilidad de las manos y los pies.

Por seguir la Vía de la Estrategia, he arriesgado la vida en innumerables contiendas. He desafiado a la muerte para aprender a dominar mi sable, sé perfectamente cómo usar su filo y su lomo, e intuyo los puntos fuertes y débiles de los *tachis* de mis rivales al verlos en acción. El temple necesario para matar a un enemigo no se logra deteniéndonos en minucias; más aún, en el campo de batalla, llevando puesta la armadura, no vale la pena reparar en detalles menores que apenas nos darán alguna ventaja. La

心を決めて、朝に夕に稽古を積み

realización plena de la Vía de la Estrategia, según yo la concibo, es enfrentarse a vida o muerte y en solitario a cinco adversarios, o a diez, incluso, con la certeza de la victoria.

Partiendo de esta premisa, ¿hay alguna diferencia entre que una persona venza a diez rivales y que mil personas venzan a diez mil? Es una cuestión a considerar. Sea como fuere, no se puede reunir a mil o diez mil personas para entrenar. Por lo tanto, cada vez que desenvaines el sable, tendrás que evaluar los recursos del rival, conocer sus trucos, sus puntos fuertes y débiles, y emplear tus conocimientos sobre estrategia. Así es como se alcanza el nivel de maestría que permite vencer a miles de adversarios.

Pregúntate lo siguiente: «¿Quién más que yo puede cultivar la Vía de la Estrategia del guerrero?» y «¿Quién de nosotros es aquí el mejor?». Sírvete de estos pensamientos para entrenar asiduamente desde el amanecer hasta el anochecer. Una vez forjado, templado y pulido, alcanzarás una libertad sin igual. Descubrirás un poder enigmático; un poder que te será útil en cualquier situación. Este es el espíritu que todo guerrero necesita tener para emplear una estrategia inteligente.

1. Control del lugar

Existe un concepto conocido como «cargar con el sol» que sirve para analizar el campo de batalla. Básicamente, consiste en colocarse de tal manera que el sol quede a tus espaldas para dificultar la visión. Si no puedes colocarte directamente a contraluz, procura que el sol quede a tu derecha para camuflar tu *tachi*. Este mismo principio se aplica, incluso, a los espacios interiores: sitúate con la luz detrás de ti o a tu derecha. Trata de mantener tu espalda y tu lado derecho junto a una pared o barrera; por el contrario, el flanco izquierdo debe permanecer despejado, así uno de tus sables queda libre. Esta técnica también se emplea durante la noche cuando el enemigo está a la vista; acostúmbrate a dejar el fuego o cualquier otra fuente de luz a tu espalda o tu derecha. Además, debes procurar establecer una «ventaja por altura», es decir, ubicarte en un punto que esté por encima de la posición del enemigo, que te permita verlo desde arriba. En interiores, el punto más alto puede ser un banco o una silla.

Para el combate cuerpo a cuerpo, es importante hacer que el enemigo quede a tu izquierda, dejándolo sin espacio para maniobrar ni retroceder y acorralándolo. La idea es presionar constantemente para que no tenga tiempo de girar la cabeza y ver el terreno al que lo has llevado. En interiores, procura también que no se percate de los umbrales, puertas y otros obstáculos que lo rodean.

El principio siempre va a ser el mismo, trátese de espacios estrechos, columnas o cualesquiera otros obstáculos. No importa cómo decidas acorralar a tu enemigo, aprovecha al máximo las características del terreno, sus irregularidades y estrecheces. Procura controlar el lugar, te dará una ventaja. Explora las posibilidades de esta técnica y entrena a fondo.

2. Las tres iniciativas

Hay tres formas de tomar la iniciativa en la batalla. La primera consiste en llevar la delantera y atacar antes que el enemigo; se denomina «iniciativa de avanzada». La siguiente consiste en atacar después de que el enemigo inicie la acción y se conoce como «iniciativa postergada». La última es la «iniciativa recíproca» y consiste en atacar al enemigo al mismo tiempo que él te ataca a ti. Estas son las tres iniciativas.

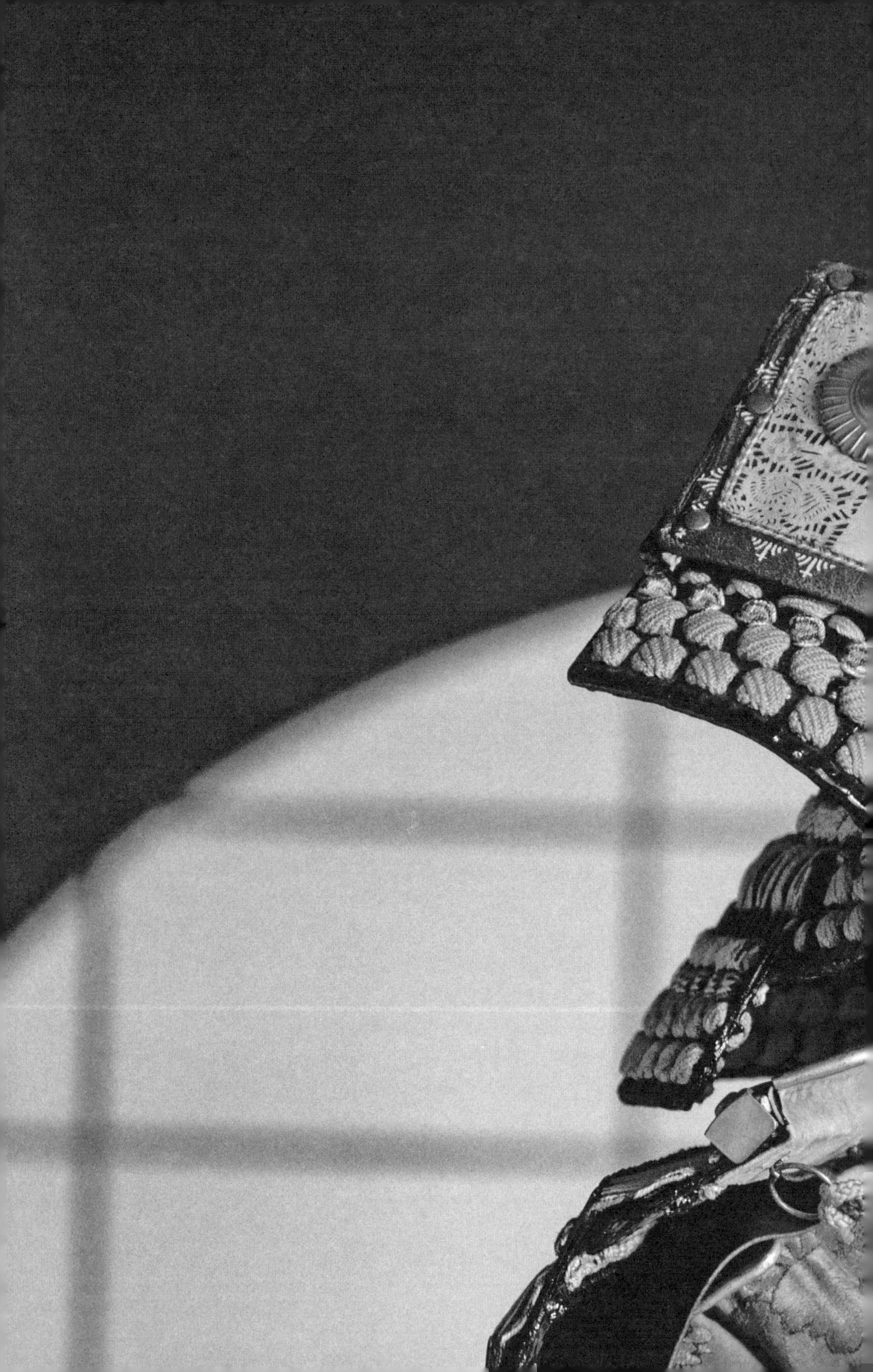

どのような戦いにおいても初めには、

El tipo de batalla es irrelevante: una vez que comienza, estas son las tres únicas iniciativas que importan. La iniciativa garantiza una victoria rápida y, por tanto, es una acción esencial de la Vía de la Estrategia. Hay multitud de factores a considerar, pero, para vencer, lo principal es adecuarse a la situación en cuestión, habiendo deducido la intención del enemigo y aplicando tus conocimientos sobre estrategia. Los destalles específicos escapan al alcance de este texto.

Número 1. La iniciativa de avanzada

Para tomar la iniciativa ofensiva, primero mantén la calma y luego ataca de forma repentina. Exhibe tu velocidad y ferocidad, pero permanece tranquilo en tu interior. Otra forma de ejecutar esta iniciativa es avanzar con mayor resolución y rapidez para situarte dentro del rango del enemigo y lanzar una embestida fulminante. Libera tu energía y ataca al enemigo, manteniendo intacta tu determinación de vencer de principio a fin del combate. Así es como se ejecutan las iniciativas de avanzada.

Número 2. La iniciativa postergada

Cuando el enemigo se aproxime, no reacciones lo más mínimo y finge debilidad. En cuanto lo tengas encima, reacciona presto, haciendo evidente tu disposición de atacar. Espera a que vacile desconcertado ante la sorpresa y, entonces, carga contra él. Esta es una forma de ejecutar la iniciativa postergada. Como alternativa, cuando el enemigo ataque, responde con más fuerza para superarlo y aprovecha el cambio de ritmo que genera tu contraataque para asegurarte la victoria. Esta es la esencia de la iniciativa postergada.

Número 3. La iniciativa recíproca

Cuando el enemigo se aproxime veloz para atacar, mantén la calma y prepara tu asalto. En cuanto se acerque, arremete sin previo aviso. Hazlo tan de repente que no tenga tiempo de reaccionar. Por el contrario, si su ataque es más moderado, aligera tus movimientos y asáltalo con rapidez. Pon el embate del enemigo a tu favor: cuando cargue contra ti, aprovecha la fuerza del impulso para invertir la situación y asestarle un potente golpe de gracia. Así se aplica la iniciativa recíproca.

Escribir sobre las tres iniciativas de forma clara y detallada no es tarea fácil. Te recomiendo poner en práctica mis explicaciones para comprender a fondo los conceptos.

No siempre serás tú quien ataque primero, pero, cuando lo hagas, baraja estos tres modos según la situación y los principios que correspondan, y anticípate a los movimientos del adversario para imponerte. Estas iniciativas requieren un entrenamiento a fondo para cultivar el espíritu de victoria que acompaña a la sabiduría de la Vía de la Estrategia.

この三つの先以外はない

3. La técnica «cortar de raíz»

«Cortar de raíz» significa mantener a raya al enemigo, neutralizar su iniciativa, como cuando se corta la hierba antes de que invada el camino. Los principios de la Vía de la Estrategia dictan que, en cualquier enfrentamiento, es peligroso que el rival tome el control o lleve la delantera. Cueste lo que cueste, el objetivo es controlar del todo los movimientos del adversario. Tu oponente tendrá el mismo objetivo, claro está, así que romper su esquema de acción no será tan sencillo como piensas, a menos que consigas bloquearlo. Limitarse a defenderte de sus ataques, aguantar sus embates o escapar de su asedio significa que ya te lleva ventaja en lo que a estrategia se refiere.

«Cortar de raíz» significa aprovechar tu experiencia en la Vía para anticiparte a las intenciones de tu adversario y detenerlo antes de que ejecute su movimiento. Detén el ataque en su origen, desde el principio y del todo: así se ejecuta esta técnica. Corta el *ataque* en la «a»; impide el *salto* en la «s»; y así en todos los casos.

Deja pasar la acción si sabes que va a ser infructuosa, pero córtala de raíz e impide su ejecución si sabes que puede ser efectiva. Este principio es primordial en la Vía de la Estrategia. Aunque debes recordar que si te limitas a neutralizar los ataques de tu oponente acabarás perdiendo la iniciativa ofensiva.

Lo primero y más importante es que toda técnica que emplees debe estar justificada. Una técnica sólida te permitirá neutralizar cualquier estratagema de tu rival. Quien puede mantener al enemigo bajo control y negarle cualquier maniobra útil es un verdadero maestro de la estrategia. Este dominio se logra entrenando a fondo. Profundiza en la técnica «cortar de raíz».

4. Superar los puntos críticos

Por ilustrarlo con una metáfora, en una travesía marítima hay que pasar por canales angostos o recorrer estrechos de muchos kilómetros de longitud. Rebasar esas zonas de peligro es a lo que me refiero con «superar los puntos críticos».

La vida, como el mar, está llena de encrucijadas. Para navegar, hay que conocer las rutas, la capacidad de la embarcación de enfrentar las aguas bravas e incluso las condiciones climáticas. Hay que adaptarse a las circunstancias y navegar contra el viento, aprovechar los vientos de popa o tener que remar hacia la costa para llegar a puerto. En la vida, como en el mar, abunda la incertidumbre, y necesitaremos la disposición de un marinero para navegar en aguas desconocidas, considerando cuidadosamente cómo superar los puntos críticos con las prioridades adecuadas.

En la Vía de la Estrategia, saber «superar los puntos críticos» de la batalla es una destreza esencial. Un guerrero debe comportarse como un hábil capitán de barco en alta mar. Debe analizar la posición del enemigo, ser consciente de sus propias fortalezas y luego utilizar estos principios para superar los momentos difíciles del combate. La calma de la mente llega después de la tormenta. Superar un momento crucial en la batalla debilita al enemigo, te da la iniciativa y conduce a una rápida victoria. Saldar con éxito los momentos críticos es tan importante en una batalla a gran escala como en un duelo. Cuida tus pasos.

踏むとは、足で踏み砕くとは

5. Conocer las condiciones

En lo relativo a las batallas a gran escala, «condiciones» se refiere al estado de ánimo y la fuerza del enemigo, su intención, su ubicación y su estado mental. Libra tus batallas teniendo en cuenta esta información y sírvete de ella para decidir cómo desplegar tus tropas y hacerte con una victoria segura, sabiendo que tienes la iniciativa.

En cuanto a combates individuales, es importante conocer la escuela, el carácter y los puntos fuertes y débiles del adversario. Toma al enemigo por sorpresa, identifica los cambios en su técnica y el ritmo de sus movimientos para decidir tu ofensiva. Sabrás reconocer diversas situaciones si cultivas cierto tipo de sabiduría superior. Cuando domines las estrategias del combate, podrás leer la mente del enemigo y descubrir múltiples vías hacia la victoria. Sé astuto.

6. Anticipación y reacción

Esta técnica se utiliza exclusivamente en la batalla y es sumamente importante.

限らない

En primer lugar, en las batallas campales con cargas de arcos y *tanegashima* (arcabuces), será difícil penetrar las líneas enemigas si atacamos bajo una lluvia de flechas y balas, porque, para cuando las alcancemos, ya habrán recargado sus armas. No conviene aguardar, debemos apresurarnos a atacar en el preciso instante en que disparen. Al actuar tan rápido, no les será fácil volver a encordar las flechas y cargar más pólvora. Para llevar a cabo esta táctica, debemos estar preparados para cualquier ofensiva que el enemigo nos lance, identificar la estrategia que más nos beneficie y reaccionar rápido para hacernos con la victoria.

En los combates individuales, cruzar golpes insistentemente después de cada ataque del rival no nos llevará a ninguna parte, sólo causará ruido. En este caso, anticiparse y reaccionar consiste en pisar el *tachi* del enemigo. Si lo logramos y nos aseguramos de impedir que levante el sable para efectuar un segundo ataque, habremos ganado desde el inicio. Y no se pisa sólo con los pies, debemos anticiparnos y atacar con todo nuestro cuerpo, intimidarlo con nuestra presencia y, por supuesto, alcanzarlo con el *tachi* tan rápido que no tenga la oportunidad de reaccionar.

Esto es exactamente tomar la iniciativa ofensiva en cualquier situación. Hay que estar sincronizado con los movimientos del enemigo, pero no para enzarzarse a golpes, sino para reaccionar anticipándote a los resultados. Medítalo.

7. Detectar el desgaste

Todo se desgasta y acaba colapsando. Las casas se derrumban, el cuerpo humano se deteriora y el enemigo se quiebra. Cuando se pierde la armonía, sobreviene la destrucción.

Durante una batalla campal, es importante captar los pequeños síntomas de desgaste en los movimientos del enemigo y aprovechar su debilidad para abatirlo. Si no percibes dichas señales, le estarás dando la oportunidad de recuperarse.

También en los combates individuales advertirás las señales de desgaste en tu enemigo cuando la cadencia de sus movimientos se debilite. Si no aprovechas ese resquicio, tu enemigo se recompondrá para volver a atacar y no habrás avanzado nada. Es importante presionar y atacar con ímpetu para abrir aún más la brecha y que tu enemigo no pueda reponerse del ataque. Sé directo e implacable; golpéalo tan a conciencia que no pueda levantarse. Calcula lo que supondrá reducir al enemigo por completo. Si no lo haces, seguirá siendo una amenaza. Tenlo en cuenta.

8. Ponerse en el lugar del enemigo

Para conocer al enemigo debemos ponernos en su lugar. Comúnmente se cree que si un ladrón se esconde en la casa en la que ha entrado a robar, el que controla la situación es el ladrón. Sin embargo, si nos ponemos en su lugar, veremos que, en realidad, acaba de meterse en la boca del lobo y no tiene por dónde escapar. Es como un faisán encerrado a merced de un halcón a punto de atacar. Entiende bien esto que te digo.

Del mismo modo, en las batallas, tendemos a sobreestimar la fuerza del enemigo y nos volvemos excesivamente cautos. Pero si tus tropas están capacitadas y entiendes los principios que conducen a la victoria, no tienes nada de qué preocuparte.

En el combate individual sucede igual. Ponte en el lugar de tu adversario. Al ver en ti la viva imagen de la estrategia, un maestro de las artes marciales cultivado en los principios de la victoria, ya estará anticipando su propia derrota. Medita lo que esto significa para ti.

衰え壊れることはなにごとにもある

9. Empuñar el sable a cuatro manos

Si el combate entra en punto muerto porque tú y tu rival lleváis la misma dinámica, convendría que ambos cejéis en el empeño de llevar el control. Es a lo que me refiero con «empuñar el sable a cuatro manos». Ante un *impasse* como este, lo mejor es abandonar inmediatamente las tácticas que estabas utilizando y adoptar una nueva estrategia.

Si no consigues modificar tu estrategia, incluso en las batallas a gran escala avanzarás poco y tu ejército sufrirá bajas. Es imperativo que descartes tu táctica actual y adoptes una nueva que te permita superar con astucia a tu enemigo.

Lo mismo ocurre en los combates individuales. Si ves que ambos entráis en un empate táctico, cambia de maniobra de inmediato en respuesta a la postura de tu rival, adopta una nueva estratagema para asegurarte la victoria. Piensa con ingenio.

10. Despejar la sombra

Esta técnica ayuda a averiguar la intención del enemigo cuando está muy oculta.

En una batalla a gran escala, cuando no sepas descifrar las pretensiones del enemigo, puedes simular una ofensiva total para inducirlo a enseñar sus cartas. Con su estrategia al descubierto es bastante sencillo aplicar las tácticas adecuadas para ganar.

Del mismo modo, en los combates individuales, si el rival oculta su *tachi* con su postura, ejecuta una finta inesperada: su reacción dejará ver sus intenciones y podrás contrarrestar su estrategia para ganar el combate. Si te descuidas demasiado perderás el ritmo, así que estudia esto con cuidado.

11. Sofocar la sombra

てしまう

Esta es la técnica que debes utilizar cuando veas que la intención del enemigo es atacar. En una batalla a gran escala, «sofocar la sombra del enemigo» equivale a hacerlo retroceder cuando está a punto de pasar al ataque. Si puedes demostrar al enemigo tu capacidad para frustrar sus planes, se verá obligado a retroceder ante tu fuerza y a cambiar de táctica. En ese momento, también tú puedes cambiar de táctica y aprovechar el impulso ofensivo para ganar con una mente abierta y centrada.

En el combate individual, utiliza tu propia cadencia para neutralizar las técnicas del enemigo a la primera señal ofensiva que veas. Aprovecha el ritmo vacilante del enemigo y toma la iniciativa para hacerte con la victoria. Estudia esto detenidamente.

12. La técnica del contagio

Casi todo es contagioso y nos afecta: los bostezos, el cansancio y hasta la hora del día. Si observáis signos de prisa e impulsividad en las tropas enemigas, deteneos un instante y actuad con calma, como si fuerais ajenos a ello: el enemigo os imitará y bajará la guardia. En cuanto percibáis ese cambio de actitud, lanzad una ofensiva fulminante a la velocidad del rayo y aseguraos una victoria aplastante.

La importancia de esta técnica es la misma en el combate individual; tómate tu tiempo y aprovecha el momento en que el enemigo se relaja para ejecutar un ataque implacable.

Existe una técnica similar llamada «intoxicación». Intoxica sus mentes con tu forma de actuar, induce en ellos apatía, exceso de celo o debilidad. Practica a fondo este proceder infeccioso.

13. Perturbar al enemigo

Hay muchas cosas que pueden perturbar nuestra paz. Una de ellas es estar en peligro de muerte, otra es pretender lo imposible y otra es que nos cojan por sorpresa. Esto merece una reflexión profunda.

En las batallas numerosas, es importante saber cómo provocar al rival. Ataca con tal ferocidad que sorprenda y desconcierte a tu enemigo. Entonces podrás organizar a tus tropas para avanzar, tomando la iniciativa y haciéndote con la victoria antes de que tu adversario tenga la oportunidad de recuperarse.

En un combate individual, enfurece a tu rival fingiendo indiferencia, seguida de un ataque rápido y contundente. Es crucial que no dejes de presionarlo y toques los puntos que le hagan saltar. Eso te llevará a la victoria. Considera las ventajas de tener al enemigo alterado.

14. Infundir miedo

Muchas cosas nos provocan miedo. Cuando algo nos coge por sorpresa, nos asustamos. En una batalla a gran escala, hay muchos modos de amedrentar al enemigo: crear un estruendo, exagerar el tamaño de los objetos mediante ilusiones ópticas o atacar inesperadamente por un flanco. Aprovecha la desorientación que causa el miedo en tu adversario y obtén la ventaja que necesitas.

En combates individuales, utiliza tu cuerpo para infundir miedo. Aterroriza a tu rival con tu *tachi* y haz que tiemble ante el sonido de tu voz. Lanza un ataque repentino e inesperado y, mientras retrocede, gana el combate con la misma rapidez con que atacaste. Esto es importante, estúdialo bien.

15. Fundirse con el enemigo

Emplea esta técnica cuando estés cuerpo a cuerpo con las tropas enemigas y la lucha entre en un punto muerto total. Pégate tanto a ellos que prácticamente seáis uno y encuentra tu oportunidad ofensiva desde dentro de esa mezcolanza.

Tanto en el combate individual como en las batallas a mayor escala, fúndete con el enemigo cuando veas que sólo alcanzarás la victoria si te sincronizas con él. Mézclate de tal forma que no haya distinción entre vosotros y aprovecha la confusión para abrir brecha, adaptar tu estrategia y lograr una victoria decisiva. Se trata de un concepto importante, así que tómate tu tiempo para reflexionarlo bien.

16. Mermar por los flancos

Si queremos vencer a un ejército implacable, no podemos atacar de frente, por mucho esfuerzo que hagamos. En su lugar, tócalo por los flancos. En los combates a gran escala, estudia la colocación de las tropas enemigas y lanza tu asalto a los puntos salientes que estén desprotegidos. Si logras debilitar uno de ellos, se resentirá la unidad al completo. Aunque un flanco quede tocado, es importante prestar atención a los demás para asegurar tu victoria.

En el combate individual, si puedes asestar golpes en las zonas salientes del cuerpo del enemigo y debilitarlo, por poco que sea, su postura se abrirá y ganarás fácilmente. Explora a fondo esta noción y encaja las piezas que te lleven a la victoria.

17. Desconcertar al enemigo

Desconcertar al enemigo se refiere a confundirlo y desestabilizarlo. A gran escala, esto implica calcular sus movimientos y aprovechar tu dominio de la estrategia para despistar. Haz que dude de tus intenciones: «¿Aquí o allí?», «¿esto o aquello?», «¿rápido o lento?». Aprovecha su duda para asegurar tu victoria.

En un combate individual, domina las circunstancias y emplea varias técnicas para confundir a tu oponente. Simula un golpe o una estocada, o hazle creer que vas a acortar la distancia. Identificar la vulnerabilidad a medida que rompe su guardia es vital para aprovechar la oportunidad de un triunfo fácil. Visualiza bien estas tácticas.

18. Los tres gritos

Hay tres gritos de guerra que determinan el comienzo, el desarrollo y el final de un combate. Articularlos en el momento adecuado es primordial. Nuestra voz es la realización sonora de nuestra energía. La utilizamos para desafiar al fuego, o al viento y las olas, porque es un reflejo del inmenso poder que llevamos dentro.

El grito que da comienzo a una batalla sin cuartel debe ser tan imponente y sobrecogedor como sea posible. Luego, en mitad del combate, el grito debe ser profundo y retumbante, que salga de las entrañas. El grito de victoria es poderoso y triunfante. Estos son los tres gritos.

En un combate individual, para agitar al enemigo y entrar en acción, finta un golpe al grito de «¡Kiai!», después lanza un ataque directo. Tras derrotarlo, proclama tu victoria con un grito imponente. Estos son los gritos que preceden y suceden al combate.

Sin embargo, no grites por gritar mientras luches. Si gritas durante la batalla, asegúrate de que sea un sonido gutural, acompasado con el ritmo de la lucha. Ten esto presente al practicar.

19. Entrelazarse con el enemigo

En las batallas campales, tras el choque frontal con las tropas enemigas, localiza los puntos estratégicos y tómalos por asalto para abrirte paso. Una vez asegurado un punto, pasa rápido al siguiente y así sucesivamente. Básicamente, la táctica consiste en cambiar el objetivo de tu ataque mientras te mueves en zigzag por el campo de batalla.

Lo anterior también es crucial en combates de uno contra muchos. No disperses tu atención, céntrate en los puntos estratégicos y atácalos uno por uno. Sincroniza tu ritmo con el de tus adversarios para fluir entre ellos, atacando en respuesta a sus movimientos. No pierdas de vista el estado del enemigo y no te contengas: ataca sin reservas para romper sus filas. La victoria será clara. También puedes usar esta técnica en los combates individuales cuando quieras cerrar distancias con un rival fuerte.

Para «entrelazarse» con el enemigo hay que tener la determinación de adentrarse en su formación sin intención de retroceder ni un solo paso. Reflexiona sobre lo que implica este modo de pensar.

紛れるとは、一歩も退くことを知ら

20. Aplastar al enemigo

Para aplastar a tu enemigo, es fundamental verlo a él débil y a ti poderoso, pulverizarlo mentalmente. En una batalla a gran escala, esto significa considerarlo inferior, cuando lo es, o captar sus signos de debilidad y distracción, aun siendo superior, y caerle con fuerza, que bese el suelo. Si no actúas con dureza, se recuperará. Aplástalo como a un insecto en la palma de tu mano. Estudia bien esta filosofía.

En los combates individuales, aunque tu enemigo no esté a la altura de tu nivel de habilidad, o si empieza a vacilar y a retroceder, no le des tiempo para respirar ni para mirarte a los ojos. Aplástalo sin compasión. Lo más importante es mantener a tu enemigo en el suelo; ni siquiera le des la oportunidad de ponerse de rodillas. Graba esto en tu mente.

21. Cambiar las montañas por el mar

En japonés «montañas» y «mar» se pronuncian igual: *sankai. Sankai* también puede significar «tres veces», así que, con la expresión «cambiar las montañas por el mar», me refiero a que no debes repetir el mismo ataque una y otra vez. Repetir una táctica dos veces es normal, pero no lo hagas tres veces. Si utilizas una técnica contra tu enemigo y no te funciona, prueba otra vez. Si sigue sin funcionar, cambia enseguida tu plan de ataque. Si el siguiente ataque no tiene éxito, prueba otra ofensiva diferente. Atacar a tu enemigo con la fuerza del mar cuando espera una montaña y viceversa, es canalizar un principio fundamental la Vía de la Estrategia a través de esta técnica. Domínala.

22. El golpe desmoralizador

A primera vista, puede parecerte que has aplicado los principios de la Vía y ganado el combate, pero el espíritu combativo del adversario quizá siga en pie. Esto es, aunque por fuera parezca derrotado, la lucha persiste en su interior. Con un golpe desmoralizador se zanja la cuestión. Cambia de inmediato tu forma de pensar, pues es crucial que aniquiles su ánimo y le muestres una derrota que escape a su comprensión.

Puedes valerte de tu espada, tu cuerpo o tu mente, hay muchas formas de hacerlo. Una vez conseguido, sigue tu camino, pero, si adviertes en él el más mínimo ánimo de pelea, no debes parar, ya que es difícil derribar a un enemigo que conserva vivo su espíritu. No dejes de perfeccionar esta técnica, tanto en pequeña como a gran escala.

23. Volver a empezar

Si el combate entra en punto muerto, olvida tus inclinaciones y pon tu mente a cero, como si volvieras a empezar. Siente el nuevo ritmo y hazte con la victoria.

Volver a empezar ante un bloqueo implica cambiar rápidamente de intención y emplear una técnica completamente diferente. Esta técnica es fundamental también para las grandes batallas, tenlo siempre presente. Lo verás todo más claro a medida que adquieras experiencia en la Vía del guerrero. No dejes de meditar esto.

くありようである
ず、敵の動きに混ざりこんでい

小から大へと替ることは武士にとって

24. Cabeza de ratón y cuerpo de buey

Si en mitad de un combate os estancáis por intentar reparar en todos los pormenores, recuerda que la Vía de la Estrategia del guerrero es como la cabeza de un ratón, detallista y minucioso, en el cuerpo de un buey, intrépido y audaz. A esos atributos se refiere el nombre de esta técnica. Es la capacidad de cambiar tu perspectiva de forma instantánea para poder abarcar los detalles y las sutilezas.

Esta alternancia entre lo grande y lo pequeño es fundamental en la Vía de la Estrategia, por ello es importante que los samuráis sepan emplearla en la vida cotidiana. Nunca debes apartarte de esta filosofía, ya que es tan necesaria en batallas a gran escala como en combates menores. Profundiza bien en su estudio.

25. Un general conoce a sus tropas

Este principio sirve para todas y cada una de las batallas. Gracias a la aplicación constante de los principios de la Vía y a tus conocimientos sobre estrategia, serás capaz de ver al enemigo como si de tu propio ejército se tratara. Tú eres el general y los enemigos, tus soldados. Imagina que los diriges a tu antojo y serán tuyos para manejarlos con total libertad. Tenlo siempre presente.

26. Soltar la empuñadura

Hay muchas maneras de entender este concepto. Puede significar «ganar sin el sable». O puede significar «no ganar con el sable». Sería imposible enumerar las diversas interpretaciones que admite, así que entrena diligentemente para entenderlo.

27. Cuerpo de piedra

El dominio de esta técnica, «cuerpo de piedra», llega con el dominio de la Vía de la Estrategia. Descubrirás que eres un ser capaz de encarnar de inmediato el inmenso tamaño y la solidez de una gran roca, intocable e inamovible. Esto ha de ser enseñado en persona.

Lo anterior es sólo un eco de mi reflexión constante sobre las prácticas de mi escuela de artes marciales, *Ichiryū*. Es la primera vez que pongo todos estos pensamientos por escrito, por lo que el orden de los artículos puede resultar algo confuso y la forma de expresar los detalles, poco elegante. No obstante, es fundamental que quienes deseen recorrer este camino memoricen todo lo expuesto.

Desde muy joven, he dedicado mi vida a la Vía de la Estrategia del guerrero, afinando mis destrezas con el sable, perfeccionando mi cuerpo mediante un entrenamiento riguroso y templando mi mente. He explorado otras escuelas y sus enseñanzas, pero me he dado cuenta de que distorsionan la realidad o se entretienen en enseñar minucias técnicas y malabarismos, meras artes escénicas. Ninguna posee la esencia verdadera de la estrategia.

Se pueden aprender ciertas técnicas y habilidades, por supuesto, pero si nos acostumbramos a utilizar el cuerpo y la mente de aquella manera, desarrollaremos una serie de hábitos que son difíciles de erradicar y conducen al deterioro del camino correcto, y con ello la Vía de la Estrategia del guerrero caerá lentamente en el olvido.

La verdadera vía de las artes marciales consiste en saber que ganar una batalla contra tu adversario y los principios que rigen la estrategia son la misma cosa. Si asimilas toda la sabiduría de mi Vía de la Estrategia y sigues el verdadero camino, nunca tendrás por qué dudar de tu victoria.

Shinmen Musashi-no-Kami-Genshin, 12 de mayo de 1645
A mi discípulo, Terao Magonojō

わが二天一流の兵法の知恵の力を体得し、正しく、真直ぐなありようを練習するならば、疑いなく勝ちを得るであろう

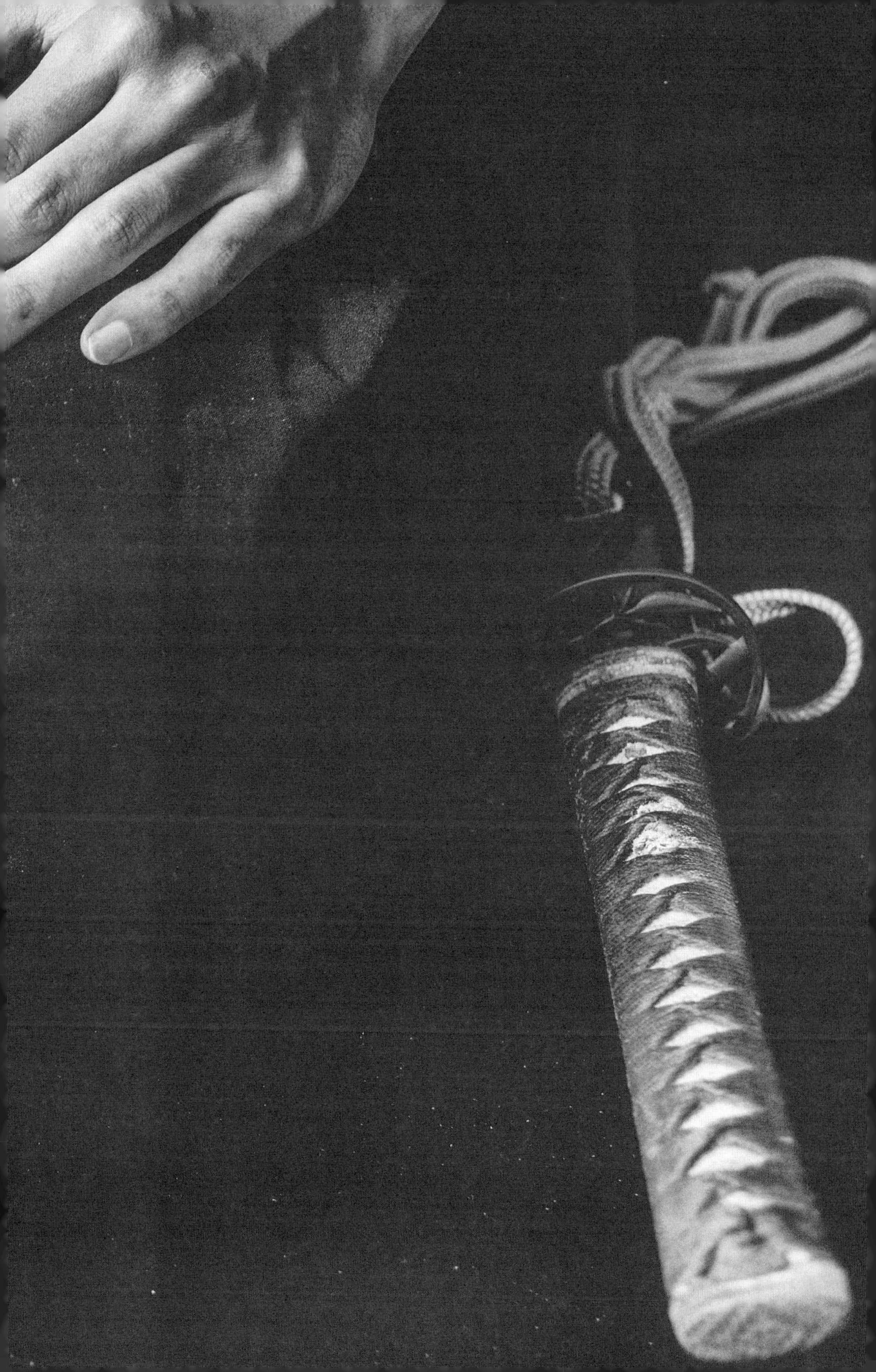

風の巻

CAPÍTULO 4

Manuscrito del viento

Para dominar la Vía del guerrero hay que saber cómo trabajan otras escuelas de artes marciales. En el *Manuscrito del viento* expongo sus diversas estrategias y preferencias. Sin conocerlas, será muy difícil entender los componentes de la mía, la escuela *Ichiryū*.

En otras enseñanzas, se tiende a dar mucha importancia a aspectos como el tamaño del sable o la fuerza con la que se blande; algunas enseñan la Vía mediante el uso de un tipo de *tachi* más corto conocido como *kodachi*. Otras, en cambio, ponen el acento en la multitud de formas de manejarlo, y afirman que sus posturas son un elemento «extrínseco» mientras que su interpretación de los principios de la Vía es algo «intrínseco» o fundamental. En este manuscrito aclararé cómo todas estas escuelas van por el camino equivocado. Expondré sus errores y aciertos y revelaré lo que implican sus principios.

Los principios de las enseñanzas *Niten-Ichiryū* son totalmente diferentes. Estas otras escuelas enseñan artes marciales como una forma de ganarse la vida con floridas exhibiciones de destreza

太刀に強い太刀、弱い太刀はない

cuyo único propósito es vender. ¿Creerán, quizá, que esa es la verdadera Vía? Los estrategas del mundo que entrenan con tanta estrechez de miras, como una mera exhibición del *tachi* y una demostración de agilidad y sutileza técnica: ¿creen, acaso, que conocen el significado de la victoria? Crean lo que crean, nada de eso es la verdadera Vía. Voy a repasar uno por uno los defectos de estas otras escuelas. Analiza detenidamente cada punto, y utilízalos para comprender bien la doctrina *Niten-Ichiryū*.

1. Manejo del sable en otras escuelas: Sables de mayor tamaño

Entre las demás escuelas, hay algunas que prefieren usar un *tachi* más largo. Desde el punto de vista de la mía, deberían considerarse débiles, ya que no entienden cómo aplicar los principios de la Vía de la Estrategia para ganar cualquier combate. En su lugar, confían en que la longitud del sable y la distancia del enemigo les suponga una ventaja. Ese el único motivo de su preferencia. El conocido dicho «el tamaño importa» no es más que una máxima admitida por aquellos que no saben nada de estrategia. Intentar obtener la victoria reemplazando los principios de la Vía por el tamaño y la distancia es sólo para los débiles de corazón. Por eso considero que dicha estrategia es una muestra de fragilidad.

Cuando se combate a poca distancia del adversario, cuanto más largo es el sable, más difícil es golpear con él. Si no puedes blandirlo libremente, se convierte en un peso muerto y estarás en una situación peor que si lucharas con un *wakizashi* o a manos limpias, incluso. Naturalmente, cada cual es libre: quien quiera que use un sable más largo y haga caso a los dichos, pero, esas preferencias, frente a la verdadera Vía de las artes marciales, son claramente infructuosas.

¿Perderá siempre el sable más corto frente al más largo? Dependerá del entorno. En lugares estrechos o con techos bajos, o en situaciones donde sólo se permitiría el *wakizashi*, optar por un sable más largo contravendría directamente los principios de la Vía de la Estrategia. Preferir el tamaño a la estrategia no es una buena filosofía, sobre todo porque hay quienes sencillamente no tienen la fuerza necesaria para manejar un sable tan largo.

No me opongo a la idea de que hay opciones para todos los gustos. Lo que cuestiono es la obsesión de algunos por llevar un sable más largo. En las batallas, un *tachi* más largo equivale a comandar una tropa numerosa, mientras que uno corto es como liderar una más pequeña. ¿Acaso es imposible que una fuerza menor venza a una mayor? La estrategia existe precisamente para demostrar que sí es posible. De ahí tantos ejemplos a lo largo de la historia de pequeñas legiones que derrotan a grandes ejércitos. La postura «sable más largo y mente estrecha» es inaceptable en la escuela *Niten-Ichiryū*. Reflexiona sobre esto.

2. Manejo del sable en otras escuelas: La fuerza del sable

La fuerza o la debilidad no reside en el *tachi*. Un sablazo asestado a base de fuerza bruta produce un corte impreciso y la imprecisión nunca nos traerá la victoria. De hecho, obsesionarse con la dureza del sable y reducir la lucha a un mero acto de potencia física es un error. Ni siquiera cuando se encaja un golpe de prueba se debe abusar de la fuerza.

En mitad de un combate y con el enemigo de frente, nadie se detiene a valorar si el sablazo debe ser más superficial o más profundo. Cuando lo que se pretende es matar al enemigo, la cuestión no es tener mucha o poca intención de hacerlo, sino tenerla. Además, excederte en la fuerza al descargar contra el sable del adversario sólo traerá consecuencias negativas: un golpe desmedido hará romper tu sable en pedazos. Por eso digo que la fuerza no reside en el sable.

En una gran confrontación, tus tropas podrán ser fuertes y tener la toda intención de ganar, pero debes saber que tu enemigo llega con la misma fuerza y el mismo ánimo de vencer. En esto, ambos bandos sois iguales. Por eso es esencial aplicar siempre los principios y la lógica. El método de mi escuela te conducirá a la victoria en cualquier situación si evitas obsesionarte con trivialidades y confías en la sabiduría de la Vía de la Estrategia. Estudia esto a fondo.

3. Manejo del sable en otras escuelas: Sables de menor tamaño

Intentar forzar una victoria a punta de sables cortos va en contra de los principios de la Vía. Tanto el sable largo como el corto tienen su nombre desde tiempos inmemoriales: se denominan *tachi* y *wakizashi* respectivamente. Los individuos fuertes usan el sable largo perfectamente y no tienen por qué decantarse por el corto. De hecho, podrían empuñar sin dificultad otras armas de mayor longitud, como la lanza o la *naginata*.

Cuando se lleva un *tachi* corto, no conviene esperar a que el enemigo alce su sable para buscar hueco por donde atacar y desarmarlo. Esperar te hará perder la iniciativa ofensiva y te verás envuelto en un combate cuerpo a cuerpo, lo que sería tu perdición. Es más, adentrarte en el espacio del enemigo con un *tachi* corto cuando estás rodeado, no es nada efectivo. Contra múltiples adversarios, los que han sido entrenados en la disciplina del sable corto no hacen sino luchar de forma errática, saltando de allá para acá en una lucha sin cuartel. Terminan en una actitud defensiva y sumidos en el caos de la pelea, pero esta no es la verdadera Vía. La clave para la victoria en este caso es mantenerse firme y erguido, mientras se despista al enemigo, obligándolo a dar bandazos de un lado a otro hasta sumirlo en el caos. Los principios para ganar en las grandes batallas son los mismos. En esta situación es importante hacer retroceder a las tropas enemigas y destruirlas en el acto.

Iniciarse en la Vía de la Estrategia aprendiendo a bloquear, esquivar, apartarse y desviar ataques imprime una mentalidad defensiva y otorga al enemigo la capacidad de manipularte a su voluntad. La Vía del guerrero, por el contrario, es recta y verdadera. Si te adhieres a sus principios, aprenderás a someter a tu adversario. Es importante recordar esto.

4. Manejo del sable en otras escuelas: Plétora de técnicas

Mercantilizar los estilos y métodos de lucha reduce la Vía de las artes marciales a un mero objeto de compra y venta, y los maestros no dudan en emplear toda una plétora de técnicas para hacer creer a los alumnos que sus enseñanzas son profundas. Esto es lamentable y contradice los principios de la Vía, ya que induce a creer que existen multitud de formas de herir con el sable.

Las formas de cortar son las que son. Da igual que el sable lo empuñe un maestro, un principiante, una mujer o un niño: la cantidad de formas de golpear y hendir no varía. Incluso si estudiáramos el corte como técnica en sí, sólo tendríamos dos modos: cortar y punzar. Es imposible que haya cientos de técnicas cuando el propósito es uno: hendir.

Dicho esto, según el terreno y las circunstancias, puede ser complicado realizar ciertos movimientos con el *tachi.* Para compensar, existen las cinco formas de esgrimir el sable. Todo salvo estas cinco maniobras (es decir, las contorsiones, piruetas y otros movimientos innecesarios) contraviene los principios de la Vía. Las contorsiones no cortan, como tampoco lo hacen los giros, las piruetas o la apertura de la posición corporal. Son un mero adorno.

Recuerda que en la escuela *Niten-Ichiryū* es importante mantener la postura y la mente firmes mientras controlas al adversario y lo vences aprovechando su desorientación. Reflexiona sobre ello.

5. Manejo del sable en otras escuelas: Las posturas

Es un error anteponer la postura a todo lo demás. La postura se adopta cuando no está el combate en curso. Visto de otro modo, no debemos limitarnos por las costumbres del pasado ni del presente. Debemos adaptarnos a cada situación específica, como manda la Vía de la Estrategia. Las posturas de combate deben utilizarse para llevar al enemigo a una posición desfavorable.

は、誤っている

Adoptar una postura significa fijar una posición corporal inquebrantable. Es como preparar un castillo o un ejército para resistir al asedio de las fuerzas enemigas. La preparación es importante, pero sucede en los momentos de calma, antes del combate. En la Vía de la Estrategia, debes buscar constantemente la iniciativa. Si te centras en la postura, estarás cediendo la iniciativa ofensiva al adversario. Estudia esto e interiorízalo.

Las tácticas que empleamos en la Vía de la Estrategia implican alterar la posición del adversario, atacar de forma inesperada, desconcertarlo, desarticular su plan, intimidarlo y aprovechar su desorientación para vencer. Por lo tanto, ceder la iniciativa ofensiva por guardar una postura es inaceptable. De ahí que en *Niten-Ichiryū* hablemos de «posturas sin postura», es decir, posiciones definidas pero adaptables.

Cuando se lucha en combates multitudinarios, es importante conocer desde el principio el número de tropas enemigas, familiarizarse con el terreno, conocer las fortalezas de tus tropas y sacar partido de estas a la hora de posicionarlas.

Tomar la iniciativa y ser el primero en atacar es mucho más ventajoso que esperar a que el enemigo ataque. Adoptar una postura defensiva y prepararse para parar o desviar el embate es como construir un muro defensivo con tus propias lanzas y *naginatas* para que el enemigo se sirva de ellas. Empúñalas tú, más bien, contra él. Reflexiona bien sobre todo esto.

6. Manejo del sable en otras escuelas: La mirada

Según algunas escuelas, la mirada debe dirigirse al *tachi* del enemigo. Otras enseñan a los alumnos a mirar las manos, la cara o incluso los pies. Sin embargo, esta fijación tan excesiva es limitante y generará problemas en la estrategia.

Por ilustrar lo anterior, los jugadores de fútbol, estando bien entrenados, no necesitan fijar la vista en el balón para chutar o regatear. Lo mismo ocurre con los malabaristas: practican tanto que son capaces de sostener un objeto en la nariz y hacer malabares con mazas, aros o espadas sin necesidad de clavar la vista en ellos. Estas personas aprenden a mirar estratégicamente para realizar sus ejercicios.

Del mismo modo, en la Vía de la Estrategia, cuando te hayas enfrentado a muchos rivales, podrás discernir si el adversario es prudente o insensato; si levanta el sable, intenta acercarse, y a qué velocidad, o mantiene la distancia. Si decides fijar tu atención en algún punto, que sea en la intención del rival o, en las grandes contiendas, en el tamaño y el estado de la fuerza enemiga.

Las acciones de «observar» los detalles cercanos y «ver» el panorama general están estrechamente relacionadas. Mejora tu capacidad de penetrar en la mente del enemigo teniendo siempre presente lo que te rodea. Mantén una visión global del combate e identifica los puntos fuertes y las debilidades de tu enemigo. Esto es fundamental para alcanzar la victoria.

Nunca debemos obsesionarnos con las minucias. Como ya he mencionado, cuando sólo se tienen ojos para los detalles menores, se pierde la visión de conjunto, nos invade la inseguridad y la victoria se nos escapa de las manos. Reflexiona detenidamente sobre este principio y esfuérzate por aplicarlo siempre.

7. Manejo del sable en otras escuelas: Los pies

Según otras escuelas, existen diversas técnicas para mover los pies con rapidez. Entre ellas están las denominadas «pies flotantes», «pies saltarines», «pies danzantes» y «pies pesados», así como el «paso *staccato*» y el «paso del cuervo». Sin embargo, ninguna resulta suficiente cuando se aplica bajo los principios de *Niten-Ichiryū*.

Rechazo la técnica de los pies flotantes porque implica un movimiento inestable. El guerrero debe mantener los pies siempre en contacto con el suelo. La de los pies saltarines tampoco es adecuada, ya que el acto de saltar consume energía y te deja vulnerable durante la fracción de segundo que tus pies están en el aire. No hay razón para ir dando saltos, por lo que esta técnica tampoco sirve. En cuanto a la de los pies danzantes, tampoco te llevará a ninguna parte porque te distraerás haciendo cabriolas. Estoy especialmente en contra del paso *staccato*, pues te obliga a detenerte en seco y esperar.

Hay muchas otras técnicas para moverse con rapidez, como la del paso del cuervo. Pero pongamos que tienes que luchar en mitad de una ciénaga, o en un arrozal, en montañas, ríos, llanuras pedregosas o caminos estrechos. Son muchos los entornos en los que puede darse una batalla y no en todos podrás dar saltos o hacer acrobacias, ni moverte a toda velocidad.

En la Vía de la Estrategia no hace falta cambiar la forma de caminar, basta con llevar un paso normal, como irías por la calle. Lo importante es ajustar la postura para contrarrestar el ritmo frenético del enemigo con una actitud serena, manteniendo un ritmo constante, ni demasiado rápido ni demasiado lento, para no perder el equilibrio.

El juego de pies es muy importante en las batallas a gran escala. Me refiero a que, si te lanzas al ataque a toda prisa, sin haber estudiado debidamente las intenciones del enemigo, te faltará sincronía y no te será fácil ganar. Del mismo modo, si te demoras en atacar, no podrás aprovechar el momento en que el enemigo muestra signos de debilidad para asestar un golpe rápido y poner fin al combate. Es esencial aprovechar al máximo esos momentos de vulnerabilidad sin dar tregua a tu rival. Entrena tu agilidad de forma constante.

よくよく稽古を積むべきである

8. Manejo del sable en otras escuelas: La velocidad

La velocidad no es algo pertinente en la Vía de la Estrategia. La incertidumbre surge de la falta de coordinación en el movimiento, que se manifiesta en la prisa o la lentitud. Los expertos en su oficio nunca actuarán con prisas.

Por poner unos ejemplos, hay mensajeros que recorren entre 160 y 200 kilómetros en un día, pero no van a toda velocidad: un mensajero inexperto, por mucho que se afane en correr, no cubre tanta distancia; en la modalidad de teatro *Nōh*, los actores novatos se sentirán abrumados intentando seguir el ritmo de los veteranos; la pieza musical *El viejo pino* se interpreta con el tambor *taiko* y lleva un ritmo lento, pero, el músico principiante, ante la sensación de quedarse rezagado, corre el riesgo de acelerar excesivamente. Asimismo, hay canciones con un tempo rápido, pero no por ello hay que embalarse, tampoco tocarlas muy lento. Un músico experto parece relajado, pero toca cada nota a su debido tiempo. En resumen, un maestro en su oficio nunca se precipita en sus acciones.

Extrae de estos ejemplos la esencia de algunos principios de la Vía. Las prisas son malas en la estrategia. Habrá lugares, como las ciénagas o los arrozales, en los que moverse con rapidez será imposible. De igual forma, asestar un sablazo con demasiada velocidad tampoco es adecuado, ya que el *tachi* debe moverse de forma controlada, como se hace con un abanico o una daga, o no cortará. Estudia esto detenidamente, ya que la velocidad y la prisa están de más en las batallas a gran escala.

Anticípate a las intenciones de tu adversario, como se aconseja en la técnica «cortar de raíz», y nunca irás a destiempo. Además, cuando el enemigo se aproxime a toda velocidad, responde con calma y no te dejes arrastrar por sus prisas. Medita y practica constantemente para desarrollar esta habilidad.

9. Manejo del sable en otras escuelas: Lo público y lo secreto

山奥からさらに奥へ行こうとす

En la Vía de la Estrategia, ¿qué es lo superficial y qué lo profundo? Cada oficio tiene sus trucos o enseñanzas, unas son más superficiales o públicas, otras son más profundas o secretas. Sin embargo, cuando se está frente a frente con un enemigo, uno no repara en estas distinciones.

En mi escuela, a los nuevos alumnos se les enseña la Vía de la Estrategia empezando por las técnicas más sencillas. Sus mentes se van abriendo de forma natural y, cuando eso ocurre, abordo otros principios más complejos. Sin embargo, suelo cambiar el orden en función de las características de cada alumno, es decir, que aquí no se distingue entre lo superficial y lo profundo, lo público o lo secreto.

Existe un proverbio que dice: «cuanto más te adentres en las montañas, más cerca estarás de tu punto de partida». En cualquier disciplina, a veces lo más profundo es lo más relevante; otras veces, lo superficial es suficiente. Aplicado a las artes marciales, ¿cómo podemos decidir qué enseñar y qué ocultar? Por eso nunca exijo que los alumnos se comprometan por escrito, bajo amenaza de castigo, a guardar los secretos de mi escuela. Me limito a evaluar su capacidad para seguir el camino y les enseño la Vía correcta, ayudándoles a deshacerse de los malos hábitos adquiridos durante su estancia en los *seis reinos de las artes marciales* de otras escuelas, que pueden ser tan limitantes como los *seis reinos de la existencia* del budismo.

Mi Vía guía al alumno hacia el camino correcto de las artes marciales, liberando su mente de dudas y miedos. Este es el camino natural y requiere dedicación y práctica constante.

Hasta aquí, las enseñanzas que he querido incluir en el *Manuscrito del viento.* Son nueve secciones que contienen las estrategias de otras escuelas. Podría haber detallado muchas

ると、また麓に出る

de las enseñanzas públicas y secretas que prodigan, pero he decidido omitir los nombres tanto de las escuelas como de sus doctrinas.

La razón es que cada escuela tiene su propia filosofía y forma de enseñar. También cada persona tiene su manera de comprender. Incluso dentro de una misma escuela, las interpretaciones pueden variar sutilmente. Para evitar que este registro quede obsoleto con el paso del tiempo, he decidido omitir los nombres de las escuelas. En su lugar, me he decantado por explicar las ideas principales y dividirlas en nueve secciones.

Desde la perspectiva de un observador experimentado u objetivo, cada escuela muestra sus preferencias, ya sea en cuanto a la longitud del sable, el énfasis en la fuerza, la cantidad de técnicas a enseñar o la importancia de centrarse en los detalles. Y dado que cada una tiene sus propias inclinaciones en el camino, no será necesario que especifique qué enseñan abiertamente y qué se guardan, eso debería ser evidente para todos.

En *Niten-Ichiryū* no hay distinción entre lo privado y lo público. No tenemos posturas fijas. La esencia de la Vía del guerrero es cultivar la integridad y percibir las virtudes de la estrategia.

Shinmen Musashi-no-Kami-Genshin, 12 de mayo de 1645
A mi discípulo, Terao Magonojō

空の巻

CAPÍTULO 5

Manuscrito de la expansión

Escribo sobre la Vía del código marcial *Nitō-Ichiryū* en este manuscrito de la expansión. La expansión es, por naturaleza, un lugar infinito e insondable, como la inmensidad del cielo. Pero la expansión es también la nada, ya que concebir la existencia implica concebir la no existencia. En eso consiste la expansión.

La expansión es vista como aquello que escapa a nuestra comprensión. Esta idea, fruto de la confusión, es errónea y distorsiona su verdadero significado. No hay expansión si seguimos la Vía del guerrero sin entender bien los principios del código marcial. Tener muchas dudas e incertidumbres y etiquetar aquello que no se comprende como «expansión» contradice la verdadera esencia del término.

El auténtico samurái debe aprender de memoria los principios de la Vía del código marcial y esforzarse seriamente en cultivar otras artes, sin descuidar su dedicación a la Vía. Debe mantener un espíritu inquebrantable y permanecer alerta en todo momento. Debe enfocar su mente en la perfección y la concentración, agudizar su capacidad de mirar, de ver y mantener la mente despejada. Sólo a través de la claridad mental, al disipar las nubes de la duda, puede el guerrero alcanzar un estado de expansión.

Las personas se desvían de su camino cuando ignoran la verdad, sea este el camino del budismo o cualquier otro, espiritual o mundano. Aunque crean estar actuando correctamente, desde una perspectiva imparcial y según dictan las leyes universales, es evidente que se han apartado debido a los deseos de su corazón y a una visión sesgada de la realidad.

Comprende esta idea y aférrate a las verdades objetivas, cultiva plenamente la Vía, con autenticidad y lucidez, guiándote por tu esencia más verdadera. Deja que la expansión sea tu Vía y verás cómo la Vía se convierte en tu expansión.

En la expansión se halla el bien, pero no el mal.
La sabiduría es sustancial.
La lógica es sustancial.
La Vía es sustancial.
Tu esencia es la expansión.

Shinmen Musashi-no-Kami-Genshin, 12 de mayo de 1645
A mi discípulo, Terao Magonojō

Glosario

Artesano
Persona que ejerce un oficio cuyo proceso productivo implica una elaboración manual.

Budismo
El budismo es una religión fundada por Siddhartha Gautama (Buda) en India hace más de 2500 años. Los seguidores del budismo no reconocen una deidad o dios supremo. Su meta es lograr la iluminación, un estado de paz interior y sabiduría. Cuando llegan a ese nivel espiritual, se dice que han alcanzado el nirvana.

Bunbu-Ryōdō
Un lema tradicional de los samuráis japoneses que cultivaban su desarrollo personal además del entrenamiento en las artes marciales y la espada. *Bun* significa «cultura» o «alfabetización»; el segundo carácter, *bu,* suele traducirse como «lucha» o «poder marcial». En cuanto al vocablo *Ryodo,* el primer carácter, *ryo,* significa «ambos» y el último, *do,* significa «camino». En total, el significado que transmiten es «destreza o pericia cultural y marcial».

Confucianismo
El confucianismo es una forma de vida, así como los rituales y tradiciones relacionados con él, prodigado en China por Confucio (Kong Fuzi) entre los siglos VI y V a.C. El confucianismo, considerado a veces, también, filosofía, y a veces religión, suele enterderse mejor como una forma de humanismo integral compatible con otras religiones.

Discípulo
Persona que cree en las ideas y principios de un personaje popular e intenta seguir la forma de vida de dicho personaje.

Duelo
En una cultura en la que el honor lo invade todo, las afrentas se saldan con un duelo: un combate entre dos que restaura el equilibrio o decide quién es más honorable por sus acciones.

Catana
Espada curva con una hoja de más de 0,6 m de longitud. Varía un poco con respecto al *tachi.* En el siglo XVI era un símbolo de la clase samurái.

Kodachi
Kodachi significa literalmente «*tachi* pequeño o corto»; por su longitud, esta espada japonesa no se consideraba un sable en toda regla, pero tampoco una daga. Dado su tamaño, podía desenvainarse y blandirse con suma rapidez.

Kioto
Kioto es la capital de la prefectura de Kioto, Japón. Situada en la región de Kansai, en la isla de Honshu, fue capital de Japón y residencia del emperador desde el año 794 hasta 1868.

Lancero
Soldado que pelea con lanza.

Arcabucero
Soldado armado de un arcabuz.

Naginata
Arma con una larga hoja curva sujeta a un bastón o vara de madera.

Nōh
Variedad de teatro-danza tradicional japonesa representada por actores con máscaras. Se caracteriza por su gran estilización, con vestuario, decorados, *atrezzo*, máscaras y personajes inspirados en las tradiciones.

Sake
Bebida alcohólica elaborada a base de arroz fermentado. Lo fundamental para un buen sake es la calidad del arroz, la pureza del agua, un hongo llamado *koji* y la levadura. Los ingredientes se mezclan y fermentan mediante procesos específicos que se han ido perfeccionando a lo largo de los siglos.

Samurái
En origen, se trataba de los vasallos de los *gokenin* (guerreros que prestaban un servicio de guardia al régimen de Kamakura), pero en el siglo XVII el término «samurái» pasó a designar a toda clase de guerreros.

Shintō-Ryū
Es un estilo clásico de lucha establecido en 1447 por Iizasa Chosai Ienao. Combina una serie de disciplinas diferentes, como el sable, el bastón de combate, la alabarda, la lanza y el uso combinado de los sables largo y corto.

Tachi
Es un tipo de sable. Durante el siglo XIV, los sables largos y, en menor medida, la *naginata*, eran las armas preferidas para el combate cuerpo a cuerpo, aunque el arco siguió siendo el arma dominante. Se distingue de la catana por su hoja ligeramente más curva.

Taiko

Tambor fabricado con un barril de madera sin fondo ni tapa y cubierto en ambos extremos de piel de animal tensada. Se percute con dos baquetas de madera llamadas *bachi.*

Tajima

Región situada al norte de la prefectura de Hyogo. Incluye las ciudades de Asago, Yabu y Toyooka y el condado de Mikata. La parte norte da al Mar de Japón.

Tanegashima

Es un tipo de arcabuz con un mecanismo de mecha desarrollado en Japón hacia 1543 por los samuráis y los soldados de infantería a partir de las armas introducidas por los portugueses. La adopción del *tanegashima* en el campo de batalla cambió para siempre las tácticas de guerra en Japón.

Yin y Yang

El principio del Yin y el Yang explica la coexistencia de fuerzas opuestas inseparables y complementarias, por ejemplo, femenino-masculino, oscuridad-luz y vejez-juventud. Este principio, del siglo III a.C. o incluso anterior, es una de las nociones más fundamentales de la filosofía y la cultura de China.

Waka

Tipo de poesía de la literatura clásica japonesa.

Wakizashi

Espada corta y curvada con una hoja de entre 0,3 y 0,6 m de longitud.